www.tredition.de

AF204276

George Kaufmann

Die USA in ihrer kapitalistischen Schlüsselrolle

Aber Psst – Top Secret! Wie der (inzwischen längst nur noch virtuelle) Kapitalismus am Tropf des US-Konsums und der US-Kriegswirtschaft hängt. Die Funktion des US-Dollars als Weltgeld und seine Metamorphose vom Golddollar zum Rüstungsdollar.

www.tredition.de

© 2018 George Kaufmann

Verlag: tredition GmbH, Hamburg

ISBN
Paperback: 978-3-7469-3172-2
Hardcover: 978-3-7469-3173-9
e-Book: 978-3-7469-3174-6

Kurz lesen

Eine Entdeckung besteht darin, etwas zu sehen, was jedermann gesehen hat, und sich dabei etwas zu denken, was noch niemand gedacht hat. (Albert von Szent-Györgi (1893-1986), US-amerikanischer Biochemiker u. Nobelpreisträger).

Genau in diesem klugen Sinne wirst Du im hier vorgelegten Lesebüchlein sogar zu einem mehrfachen Entdecker werden.

Die USA in ihrer kapitalistischen Schlüsselrolle

Bist Du ein Freak der USA?

Sprichst Du von Amerika, wenn Du lediglich die USA meinst?

Kritisierst Du die USA wegen ihrer imperialen Unterdrückung der Welt?

Siehst Du Dich als Antiamerikanist?

Bist Du ein Fan des Kapitalismus? Oder anders: ein Fanatiker der Selbstverwertung des Werts?

Verachtest und verurteilst Du die militärische Rüstung und Ausbreitung der USA?

Ist Dir bekannt, dass die USA seit ihrer Gründung 1776 bis heute lediglich 17 Jahre lang keinen Krieg irgendwo in der Welt führten?

Kannst Du Dir eine Welt ohne „Arbeit" bzw. nach dem Kapitalismus vorstellen?

Hast Du eine Ahnung, wie es dazu käme?

Weißt Du, dass der Kapitalismus überhaupt und damit auch wir Europäer heute (2018) letztlich vom Konsum der US-Amerikaner abhängen?

Hier zeige ich Dir, dass all diese Fragen und viele weitere einen Zusammenhang haben und dass unser (Über-)Leben ausschließlich davon abhängt, wie wir sie beantworten; denn das kapitalistische Dach stürzt bereits mit ziemlichen Getöse und Massen an Toten über uns zusammen, ohne dass die Individuen diesen Gesamtprozess als solchen wahrnehmen. Alles was wir gegenwärtig erleben, findet bereits in einem brennenden Haus statt. So sehe ich meine Aufgabe hier darin, diesen Zusammenhang für Dich so aufzubröseln, dass er Dir bewusstwird und Du aus diesem Wissen entsprechenden Handlungsraum gewinnen kannst.[1]

---

[1] Schau Dir hierzu meine Vorschläge am Schluss dieses schmalen Buches an.

Inhalt

So möchte ich hier insgesamt aus aktuellem Krisenanlass

die ökonomische Funktion der US-Militärmaschine im globalen Kapitalismus und die Hintergründe der neuen Finanzkrise

behandeln und beginnen mit der Thematik

Weltmacht und Weltgeld

Wenn hier nicht nur bei uns, sondern weltweit seit 1989 vom „Epochenbruch" gesprochen wird, ist damit meistens der Untergang der DDR und des Staatssozialismus in der Sowjetunion und Osteuropa gemeint; in der Folge das Ende des Kalten Krieges zwischen den Blöcken und das Erlöschen der dazugehörigen „heißen" Stellvertreterkriege in den Hinterhöfen des Weltmarkts. Der vermeintliche Sieg des Kapitalismus, so die damaligen Freiheits-Euphoriker, sollte zusammen mit der allgemeinen Vergatterung auf die „Marktwirtschaft" und der Konstitution eines einheitlichen globalen Wirtschaftsraums nach westlichem Muster nun eine neue Epoche der globalen Prosperität, der Abrüstung und des Friedens einläuten. Diese Erwartung hat sich, wie wir inzwischen wissen, als völlig blauäugig erwiesen. In den vergangenen über 27 Jahren entwickelte sich real so ziemlich das Gegenteil derart mutwilliger berufsoptimistischer Prognosen. Denn die Globalisierung brachte schubweise immer neue Zonen der Massenarmut, perspektivlose Bürgerkriege und einen nicht anders als barbarisch zu nennenden postmodern-neoreligiösen Terrorismus hervor. Der Westen unter Führung der letzten Weltmacht USA reagierte darauf mit ebenso perspektivlosen „Weltordnungskriegen" und einer prekären planetarischen Krisenverwaltung.[2] Offenbar war die Interpretation der Ereignisse nach 1989 nur oberflächlich und hat daher viel zu kurz gegriffen. Tatsächlich brach damals nicht einfach isoliert der Ostblock als „fehlerhaftes Mangelsystem" zusammen, sondern ein ähnliches Schicksal ereilte nicht wenige prowestlich orientierte Länder der sogenannten Dritten Welt. Mehr noch: Auch in den westlichen Kernländern selbst war mit dem Sinken der Wachstumsraten das „Wirtschaftswunder" der Nachkriegszeit längst dahingeschwunden. Seitdem hat sich global eine strukturelle Massenarbeitslosigkeit herausgebildet, die mit einer Unterbeschäftigung und Prekarisierung der „Arbeit" einhergeht. Und unter dem Eindruck dieser Tendenzen drängt sich natürlich eine ganz andere Interpretation des kapitalistischen Weltgangs auf: nämlich, dass es sich um eine gemeinsame Krise des modernen warenproduzierenden Weltsystems unter Einschluss der kapitalistischen Zentren selbst handelt, die sich seit mehreren Jahrzehnten bereits mehr als deutlich ankündigte. Und so sah das konkret aus:

Schon in den 70er und 80er Jahren des letzten Jahrhunderts scheiterten die Länder der sogenannten Dritten Welt (etwa 130 Länder) mit ihren nationalen Bemühungen, am Weltmarkt teilzunehmen. Heute (2018) werden nahezu 50 weitere sogar als sogenannte Vierte Welt bezeichnet (engl. Least Developed Countries), was eine absolute Unterentwicklung und umfassende Armut meint. Diese Länder bezeichne ich als Weltsozialfälle, denn sie

---

[2] Vgl. dazu Robert Kurz 2003.

sind in jeder Hinsicht auf sogenannte Entwicklungshilfe angewiesen, ihre Bevölkerungen werden auf Hungerniveau durch Hilfsspenden aus anderen Ländern geradeso am Leben gehalten. Innerhalb dieses Gesamtszenarios verzeichneten wir bereits Anfang der 80er Jahre den Beginn der Welt-Schuldenkrise, die bis in die kapitalistischen Zentren wirkte.

1982 erreichte sie Mexiko, es war zum ersten Mal zahlungsunfähig.

Und schon Mitte der 80er Jahre erfasste sie das US-Sparkassensystem. Über 1.000 US-Sparkassen brachen im Rahmen der Krise zusammen. Der Gesamtschaden betrug über 150 Milliarden US-Dollar, von denen an die 125 Milliarden durch die „Öffentliche Hand" aufgebracht wurden. Der Schaden trug dadurch zu den hohen Budgetdefiziten der USA in den 1980er-Jahren sowie der Rezession Anfang der 90er Jahre bei.

1987 sahen wir dann den Börsenkrach in New York und im gesamten Westen. Der „Schwarze Montag" (19. Oktober 1987) war der erste Börsenkrach nach dem Zweiten Weltkrieg. Der Dow Jones (US-Börsenindex) fiel innerhalb eines Tages um 22,6 % (508 Punkte); das war der größte prozentuale Rückgang innerhalb eines Tages in dessen Geschichte. Der Sturz breitete sich schnell auf alle wichtigen internationalen Börsen aus. Bis Ende Oktober fielen die Börsenkurse in Australien um 41,8 %, in Kanada um 22,5 %, in Hongkong um 45,8 % und in Großbritannien um 26,4 %. Erst anderthalb Jahre nach dem „Schwarzen Montag" hatte der Dow Jones mit 2247 Punkten wieder sein Niveau vor dem Börsencrash erreicht. (Nur für Deinen Hinterkopf: Heute notiert dieser Index in New York um über das Zehnfache höher! Das bedeutet, durch

reine Spekulation, die also mit einer realen industriellen Mehrwertproduktion absolut gar nichts zu tun hat, werden den an der
Börse gelisteten Konzernen Werte angedichtet, die reine Hirnge-
spinste sind. Damit wird eine Finanzblase aufgepumpt, die schon
in absehbarer Zeit platzen muss und das auch wird. Die Folgen
können nur und werden verheerend sein.)

Ende der 80er Jahre konnte dann der Ostblock am Weltmarkt
nicht mehr mithalten, weil er die exorbitanten Kosten für die notwendige Entwicklung der Mikroelektronik in allen Bereichen der
industriellen Wirtschaft nicht mehr aufbringen konnte und löste
sich sang- und klanglos und äußerst blamabel auf. Ab nun gab es
keine „Zweite Welt" mehr, sondern nur noch eine Erste (die 34
Länder der OECD) und die stetig ansteigende Zahl solcher Länder,
die sich auf dem Weg in die „Vierte Welt" befinden.

Anfang der 90er Jahre erlebte dann Japan (OECD) seinen Crash,
der Börsenwert des Nikkei war auf 40.000 Punkte aufgebläht und
stürzte ab. Davon hat er sich nie mehr erholt. Japan hält sich seitdem lediglich durch den Export halbwegs über Wasser.

Mitte der 90er Jahre, Mexiko (OECD) war Ende 1994 zum zweiten
Mal zahlungsunfähig geworden, dann die Russlandkrise ebenso
wie die Zahlungsunfähigkeit Argentiniens. Staatsbankrott.

Anfang 2001 bis 2002 das Platzen der sogenannten Dotcom-
Blase. Haufenweise brachen sogenannte Startups zusammen;
kleine Klitschen mit bis zu 30 Leuten, von denen manche durch
reine Spekulation eine Höhe der Börsenkapitalisierung wie die
von VW erreicht hatten.

Das brachte natürlich einen Rückschlag für die Welt-Ökonomie; virtuelles Geld, sogenannte Werte, wurden in Höhe von Billionen USD vernichtet. All das wurde versucht aufzufangen durch eine Geldschwemme per Notenpressen. Dieses Geld, da ohne jegliche Mehrwertproduktion aus dem Nichts geschöpft, ist also vollkommen leer und daher kapitalistisch von vornherein ungültig, ebenso wie das, was damit produziert wird. Das zu verstehen ist für die Hirne der „Wissenschaft" (sogenannte Volkswirtschaftler, Ökonomen, Experten etc.) ebenso unmöglich wie für die von Politikern oder der aller übrigen Protagonisten des Kapitalismus.

Dennoch zog ab 2004/5 auf diese Weise das Ganze wieder an. Die Weltkonjunktur konnte sich etwas erholen und sogar ein wenig an Fahrt gewinnen, was sich in den kapitalistischen und somit Schwindel-Statistiken zeigte; allen war egal, woher das Geld dafür kam.

Dann aber, 2008, war der Krach folgerichtig da. Man sprach zuerst von der größten Finanzkrise seit 10 Jahren; dann seit 45 Jahren; dann seit den 30er Jahren und schließlich von der größten aller Zeiten. Zu sehen war eine Finanzkrise mit abruptem Bruch.

Aber vielleicht war ja nur ein Zusammenhang wirksam geworden, der sich in den vorhergehenden Jahrzehnten aufgebaut hatte. Es kriselte immer mal da und dort, oder sektoral (Dotcom) und konnte durch Teilmaßnahmen wieder aufgefangen werden.

Jetzt aber zeigte sich mit allem Nachdruck und aller Deutlichkeit zum ersten Mal ein globaler Zusammenhang bis in die kapitalistischen Zentren hinein (New York, Frankfurt/M., London). Aber das wollten und wollen die Protagonisten keineswegs wahrhaben.

Merkel: Das ist überm Atlantik zu uns gekommen, wir hingegen sind gut aufgestellt. Es liegt am unseriösen ami-sächsischen Kapitalismus.

Das stimmte allerdings nicht, denn auch in Europa haben alle das Gleiche gemacht wie die Amis. Man will diese neue Qualität einfach nicht sehen. Also sucht und findet man persönlich Schuldige: Exzesse der Banker, ihre Gier, die Boni, falsche Politik... und inzwischen die Ausländer, die Islamisten, die Juden...

Aus der hier von mir vertretenen Sicht des kapitalistischen Gesamt-Weltsystems, also des Gesamt-Weltmarkts war der sogenannte Realsozialismus des Ostblocks gar keine historische Alternative, sondern ein mit „Sozialismus"/ „Kommunismus" falsch und verblödend etikettiertes staatskapitalistisches System „nachholender Modernisierung" an der Peripherie des Weltmarkts und dessen integraler Bestandteil. Nachdem mit dem Ende der alten Entwicklungsregimes unterschiedlicher Couleur zuerst die „schwächsten Kettenglieder" dieses Weltsystems gerissen sind, setzt sich der Krisenprozess im Raum der direkten Globalisierung unaufhaltsam fort.

Als tiefste Ursache der neuen Weltkrise wird inzwischen weithin und nicht zu Unrecht die Dritte industrielle Revolution der Mikroelektronik genannt. Zum ersten Mal in der kapitalistischen Geschichte überholen die Potentiale der Rationalisierung die Möglichkeiten einer Ausdehnung der Märkte. Das Kapital schmilzt in der Krisenkonkurrenz seine eigene „Arbeitssubstanz" (Marx) ab. Die Kehrseite von struktureller Massenarbeitslosigkeit und Unterbeschäftigung im Weltmaßstab bildet daher die Flucht des Geldkapitals in die berühmte „Finanzblasen"-Ökonomie, weil zusätzliche Realinvestitionen unrentabel geworden sind; ablesbar an globalen Überkapazitäten der Produktion (exemplarisch in der Autoindustrie und im Stahlbau) und an spekulativen „Übernahme"-Schlachten.[3]

Diese hier grob skizzierte Interpretation galt Ende der 90er Jahre zumindest noch bei einem Teil der linken Gesellschaftskritik als denkbar und sogar plausibel. Inzwischen hat man sich aber daran gewöhnt, dass das Kapital auch mit einer simulierten Finanzblasen-Akkumulation („jobless growth") irgendwie leben zu können scheint. Und weist die jüngste Exportindustrialisierung in Asien, vor allem in China, nicht doch auf eine neue Ära des Realwachstums hin, nur eben nicht mehr in Europa? Gleichzeitig scheinen sich die Weltordnungskriege ganz banal auf ordinäre Ölinteressen zu reduzieren, weil der kapitalistischen Verbrennungskultur der „Stoff" auszugehen droht. Aufgeregt wird fabuliert, ob es vor diesem Hintergrund womöglich zu einer neuen imperialistischen Block-Konkurrenz, etwa zwischen den USA, der EU und China kommt? Mit solchen Überlegungen kehrt die Linke mit gewissen Modifikationen aber großenteils zu ihren alten Denkmustern vor dem Epochenbruch zurück. Es gibt aber gute Gründe dafür, dass diese Re-Interpretation ein Zerrbild liefert und sich die Zusammenhänge bei näherer Betrachtung ganz anders darstellen. Wesentlich ist dabei der politisch-ökonomische Status der letzten Weltmacht USA im globalen Krisenkapitalismus. Schauen wir uns das etwas genauer an:

---

[3] Vgl. dazu Robert Kurz 2005.

Die Krise des Geldes und des Weltwährungssystems

Die Weltkrise von Dritter industrieller Revolution und Globalisierung in den letzten fast vier Jahrzehnten sattelt sozusagen auf eine schon viel länger, nämlich seit dem Ersten Weltkrieg schwelende Krise des Geldes auf. Bis dahin war der Charakter des Geldes als „ausgesonderte Ware" (allgemeines Äquivalent) mit eigener Wertsubstanz (Gold) nahezu unbestritten. Die Währungen der großen kapitalistischen Länder mussten deshalb durch Goldvorräte in den Zentralbanken „gedeckt" sein. Das Gold war das eigentliche Weltgeld, die „lingua franca" (Weltsprache) des Weltmarkts; und das Pfund Sterling der damaligen Weltmacht Großbritannien konnte nur aufgrund seines „Goldstandards" als Weltwährung fungieren. Aber bereits die industriellen Kriegswirtschaften der beiden Weltkriege und die riesigen Produktivkräfte der Zweiten industriellen Revolution (fordistische Massenproduktion, Fließband, „Automobilmachung") ließen sich jedoch selbst bei beschleunigter Geld-Zirkulation nicht mehr durch eine „Goldbindung" des Geldes darstellen; sie hatten einen Umfang angenommen, für dessen Deckung die Welt-Gold-Menge inzwischen um Größenordnungen zu gering war. Deshalb musste die Goldbindung gekappt werden. Mit anderen Worten: die Wertsubstanz des Geldes, beruhend auf der verdichteten Arbeitssubstanz des Edelmetalls Gold, konnte schlicht nicht aufrechterhalten werden. Auf der Ebene des Geldes, des allgemeinen Äquivalents als „Königsware" und Erscheinungsform des Kapitals, machte sich daher die „Entsubstantialisierung" schon viel früher bemerkbar als auf der Ebene des gewöhnlichen „Warenpöbels", bei dem sie erst heute in der Dritten industriellen Revolution manifest wird. Die Folge war die noch im 19. Jahrhundert ganz unbekannte „säkulare Inflation", die ununterbrochene Entwertung des Geldes – teils in galoppierender (Hyperinflationen), teils in schleichender Form.

Diese Tendenz wirkt nach wie vor. Derzeit ist sie gut sichtbar an der Abwertung der Kaufkraft seit Einführung des EURO. Heute (2018) sind zum Beispiel in Deutschland nahezu alle Warenpreise in EURO (teils erheblich) höher als sie es noch 2001 in D-Mark waren, obwohl der EURO damals offiziell etwa nur 50 % des DM-Kurses repräsentierte.

Trotz dieser inflationären Wirkungen machten erneut einige Theoretiker die Not zur Tugend, indem sie die Goldbindung für unnötig und das Geld zum bloßen Zeichen erklärten, das nur juristisch vom Staat garantiert werden müsste (ebenso wie z.b. schon Georg Friedrich Knapp 1905). Aber der Zusammenbruch des Weltmarkts in der Welt-Wirtschaftskrise der 30er Jahre hatte auch etwas mit dem Fehlen eines anerkannten Weltgeldes zu tun, nachdem alle Versuche gescheitert waren, in Europa zur Goldbindung zurückzukehren. Als 1944 in Bretton Woods die Weichen für eine Wirtschafts- und Währungsordnung der Nachkriegszeit unter dem Dach der „Pax Americana" gestellt wurden, war diese ganz auf den Dollar als neuer Welthandels- und Reservewährung zugeschnitten. Die Grundlage dafür bildete nicht nur die überragende industrielle Stellung der USA (vor allem aufgrund des gewaltigen Wachstumsschubs der Kriegswirtschaft), sondern auch die Tatsache, dass der Dollar als einzige Währung noch immer goldkonvertibel war. Im berühmten Fort Knox lagerten damals drei Viertel der weltweiten Goldvorräte (vgl. Paul Kennedy 1993).

Nur auf dieser Grundlage der Weltwährungsordnung von Bretton Woods und der auf den Dollar zugeschnittenen fixen Wechselkurse konnte sich das „Wirtschaftswunder" der Nachkriegsgeschichte im Schatten des Kalten Krieges sowie des Heißen Krieges in Korea (Koreakrieg) entfalten. Aber der damalige Wiederaufstieg Europas und Japans auf dem prosperierenden Weltmarkt begann schon bald an der ökonomischen Dominanz der USA und damit an der Goldsubstanz des Dollars zu nagen. In demselben Maße, wie sich die Anteile am Waren- und Kapitalexport zu Ungunsten der USA verschoben, verlor auch der Dollar an Stärke und wurde zunehmend wieder in Gold umgetauscht. Die Vorräte von Fort Knox schmolzen dahin. Deshalb sah sich US-Präsident Nixon gezwungen, die Goldkonvertibilität des Dollars 1973 aufzukündigen.

Damit war das System von Bretton Woods am Ende. Die Wechselkurse mussten freigegeben werden und „floaten" (schwanken, wechseln) seither je nach Lage auf den Märkten, was den Ausgangspunkt für eine völlig neue Art der Devisenspekulation aufgrund von Schwankungen der Wechselkurse bildete, mit gefährlichen Rückwirkungen auf die Realwirtschaft. Da jedoch trotz der Weltwährungskrise der 70er Jahre die große Katastrophe ausgeblieben war, gilt seither auch bei linken Theoretikern das Geld- und Währungsproblem als empirisch gelöst: Entgegen der Auffassung von Marx habe sich der Charakter des Geldes als „ausgesonderte Ware" mit eigener Wertsubstanz endgültig erledigt (so etwa Michael Heinrich bereits 2004). Aber die keineswegs sichere Praxis der flexiblen Währungsverhältnisse in der historisch kurzen Zeit von wenigen Jahrzehnten sagt noch nichts Wesentliches über die Haltbarkeit der neuen Konstellation aus, zumal bereits die peripheren Währungskrisen der 90er Jahre in Asien und nach der Jahrhundertwende in Argentinien deutlich und direkt auf ein weiter schwelendes Problem verwiesen.

Vom Golddollar zum Rüstungsdollar

Die Weltwährungskrise der 70er Jahre endete nämlich allein deshalb relativ glimpflich, weil der Dollar trotz des Verlusts der Gold-konvertibilität seine Funktion als Weltgeld, d.h. als Welthandels- und Reservewährung, mangels einer glaubwürdigen Alternative nahezu ungebrochen erhalten konnte. Sonst wäre die Folge tatsächlich schon damals die Wiederholung der Katastrophe in den 30er Jahren auf höherer Stufenleiter gewesen, denn ohne Weltgeldfunktion muss der Weltmarkt implodieren. Allerdings fand die Rekonstitution des Dollars als Weltwährung auf einer völlig neuartigen Grundlage statt. An die Stelle der im Gold fundierten Wertsubstanz des Weltgelds trat nun tatsächlich eine Art „politische" Garantie, allerdings nicht eine bloß formal-juristische, sondern im Wesentlichen eine militärische. Die Währung der Weltmacht oder „Supermacht" der westlichen Hemisphäre nahm ihre Weltgeldfunktion nun allein aufgrund dieser Machtbasis ein.

Dabei vollzog sich ein eigentümlicher reziproker Prozess: In demselben Maße, wie sich die ökonomische Stellung der USA auf dem „regulären" Weltmarkt der Waren- und Kapitalströme verschlechterte (ein bis heute anhaltender Prozess), wuchs der schon von Präsident Eisenhower so bezeichnete „militärisch-industrielle Komplex" kontinuierlich an. Die exorbitanten Wachstumsraten der Rüstungsindustrie im Zweiten Weltkrieg setzten sich in Gestalt einer viel diskutierten „permanenten Kriegswirtschaft" fort. Auch die Dritte industrielle Revolution der Mikroelektronik schlug sich vor diesem Hintergrund in immer neuen High-Tech-Waffensystemen nieder und markierte den Weg von der Industrialisierung zur Elektronisierung des Krieges. Mit der Entwicklung einer Waffengeneration nach der anderen zogen die

USA in der Rüstung der übrigen Welt zusehends uneinholbar davon. US-Präsident Reagan forcierte diese Tendenz noch einmal. Die Sowjetunion als Gegenweltmacht der „nachholenden Modernisierung" ging zwar in erster Linie an ihren inneren Widersprüchen einer „geplanten Kapitalökonomie" zugrunde, aber sie wurde auch „totgerüstet" und konnte den High-Tech-Wettlauf weder ökonomisch noch militärisch durchhalten.

Der „außerökonomische Faktor" der zunehmend konkurrenzlosen US-Militärmaschine schlug dabei in eine gewaltige ökonomische Potenz um. Zwar behielten die Mahner und Warner in den USA gegenüber der unaufhaltsamen Tendenz zur „permanenten Kriegswirtschaft" insofern recht, als damit eine Lawine der staatlichen Verschuldung ausgelöst wurde. Der stramm neoliberale und monetaristische Reagan strich zwar die keynesianischen Sozialprogramme seiner Vorgänger brutal zusammen, aber er ließ gegen seine eigene Doktrin den „Rüstungskeynesianismus" geradezu explodieren. Damit wurde der ohnehin schon aufgeblähte militärisch-industrielle Komplex in vieler Hinsicht (auch in abgeleiteten Formen) zum Wachstumsträger und zur Jobmaschine. Die US-Ökonomie zeigte statistisch eine nominelle innere Stärke, obwohl sie auf dem Weltmarkt immer schwächer wurde. Wie kann das sein? Der militärische Komplex (Waffenentwicklung, Waffenproduktion, Waffenkauf, Waffengebrauch einschließlich der jeweils vor- und nachgelagerten Bereiche) gehört aus ökonomischer Sicht zur gesellschaftlichen Konsumtion; nicht zur kapitalistisch lebensnotwendigen Mehrwert-Produktion, von der er ebenso alimentiert wird, wie jeder andere stinknormale kapitalistische Dienstleistungsbereich. Der Unterschied dieser Dienstleistungsbereiche besteht lediglich darin, dass die Dienstleistung des militärischen Komplexes der direkte Tod ist. Die mit diesem Prozess der ökonomischen Militarisierung verbundene astronomische Verschuldung konnte schon in den 80er Jahren nicht mehr aus eigenen Ersparnissen, also auf Basis einer real-ökonomischen Mehrwert/Profit-Produktion finanziert werden. Aber die ökonomische Potenz der Militärmaschine schlug sich auch in den Außenbeziehungen nieder. Die Militärmacht der USA als „Weltpolizei" war es gerade, die den globalen Finanzmärkten einen „sicheren Hafen" zu bieten schien. Dieser Eindruck verstärkte sich noch wesentlich nach dem vermeintlichen Sieg über das östliche „Gegensystem". Der Dollar behielt seine Weltgeldfunktion nur, indem er vom Golddollar zum Rüstungsdollar mutierte. Und der strategische Charakter der Weltordnungskriege in den 90er Jahren und nach der Jahrhundertwende im Nahen Osten, auf dem Balkan und in Afghanistan bestand in erster Linie darin, mittels der Demonstration globaler militärischer Interventionsfähigkeit den Mythos des „sicheren Hafens" und damit den Dollar als Weltwährung zu bewahren. Auf dieser letztlich irrationalen Basis floss das in der Dritten industriellen Revolution überschüssige (nicht mehr rentabel real investierbare) Geldkapital aus der ganzen Welt zunehmend in die USA und finanzierte so indirekt die Rüstungs- und Militärmaschine. So entstanden

die größte Finanzblase aller Zeiten und das US-Konsumwunder.

Das Erreichen der inneren Schranke der realen Kapitalverwertung in der Dritten industriellen Revolution trieb seit etwa Mitte der 70er Jahre überall die Flucht in den Kreditüberbau und in eine Finanzblasen-Ökonomie hervor. Diese finanzkapitalistische Krisenwirtschaft musste sich zwangsläufig im vermeintlich „sicheren Hafen" des Dollar-Raums konzentrieren. Je mehr überschüssiges Geldkapital auf den globalen Finanzmärkten vagabundierte, desto größer wurde die Saugkraft der USA, um diese Geldströme anzuziehen. Auf diese Weise entstand in Gods Own Country die „Mutter aller Finanzblasen". Über den Verkauf von Staatsanleihen in alle Welt wurde damit nicht nur der verschuldete Rüstungsboom finanziert. Parallel dazu blähten sich auch die US-Aktienmärkte in den 90er Jahren und die US-Immobilienmärkte nach der Jahrhundertwende entsprechend auf. Damit wurde die Basis für eine neue Qualität der Verschuldung gelegt.

Neben dem militärisch-industriellen Komplex entstand so die zweite Säule eines „irregulären" scheinbaren Wachstums der Binnenökonomie in den USA. Aufgrund der im Vergleich zu Europa sehr breiten Streuung des Aktien- und Immobilienbesitzes konnte ein paradoxes „Konsumwunder" seinen Lauf nehmen. Obwohl die durchschnittlichen Reallöhne seit den 70er Jahren stagnierten oder sogar rückläufig waren (vgl. Lester Thurow bereits 1996), wurde der Konsum immer mehr zum entscheidenden Wachstumsträger. Das periodisch stets von neuem beschworene „Jobwunder" war allerdings keineswegs die eigentliche Ursache dieses Booms. Denn abgesehen von der selber am Tropf der Staatsverschuldung hängenden Beschäftigung im militärisch-industriellen Komplex entstanden vor allem Billigjobs im Dienstleistungssektor, die berühmte „beschäftigte Armut". Aufgrund der inzwischen eingetretenen Schwäche dieses Landes auf dem Weltmarkt ist auch die Beschäftigung im Exportsektor eher rückläufig.

Der Konsumboom speist sich bis heute (2018) nicht so sehr aus regulären Lohneinkommen, sondern primär aus den Finanzblasen an den Aktien- und Immobilienmärkten. Die Differenzgewinne aus den fiktiven Wertsteigerungen der entsprechenden Eigentumstitel können beliehen werden und haben sich durch ihre breite Streuung millionenfach in einer Kreditkarten- und Hypotheken-Verschuldung beispiellosen Ausmaßes niedergeschlagen.

Als Sicherheit dafür dienten eben die gestiegenen Preise zuerst der Aktien, dann der Immobilien. Der Zustrom von überschüssigem Geldkapital aus aller Welt in den vermeintlich „sicheren" Dollar-Hafen wird so nicht nur in die Finanzierung des verschuldeten Rüstungskonsums, sondern auch des verschuldeten Privatkonsums umgeleitet. Diese wunderbare Geldmaschine ist es, die das US-Konsumwunder gespeist hat und es weiter bis heute tut.

Pazifischer Defizitkreislauf und Weltkonjunktur

Die realökonomische Schwäche der USA auf den Weltmärkten zeigte sich in einem stetig wachsenden Handelsbilanzdefizit:

1987 -> 150 Mrd. $ *   1999 -> 200 Mrd. $

2001 -> 400 Mrd. $ *   2005 -> 600 Mrd. $

2007 -> 800 Mrd. $ *   2008 -> 882 Mrd. $

2009 -> 549 Mrd. $ *   2010 -> 690 Mrd. $

2011 -> 783 Mrd. $ *   2012 -> 790 Mrd. $

2013 -> 749 Mrd. $ *   2014 -> 792 Mrd. $

2015 -> 812 Mrd. $ *   2016 -> 796 Mrd. $

Relativ gesehen wurden in der vom Rüstungskomplex und von Dienstleistungen geprägten Binnenökonomie der letzten Weltmacht immer weniger industrielle Waren produziert; in einigen Bereichen war der Rückgang sogar absolut. Der erhebliche Teil der US-Bürger, der sich über lang anhaltende Preissteigerungen bei Aktien und Immobilien verschulden konnte, konsumierte zunehmend Waren, die anderswo hergestellt worden waren. Auf diese Weise kam innerhalb nur eines Jahrzehnts ein globaler Defizitkreislauf in Schwung, der in den 80er Jahren erstmals sichtbar wurde, sich in den 90er Jahren beschleunigte und heute (2018) heiß läuft. War zunächst vor allem die US-Handelsbilanz mit Japan ins Minus gerutscht, so stieg das Defizit bald auch gegenüber den kleineren asiatischen Staaten und Europa, um schließlich im Warenverkehr mit den Kolossen Indien und China unglaublich auszuufern. Es gibt heute kaum noch eine industrielle Weltregion, die nicht ihre Überschüsse in den USA absetzen würde.

Die Kehrseite der monetären Außenverschuldung durch Ansaugen der globalen Geldkapitalströme besteht also darin, dass umgekehrt auch die überschüssigen globalen Warenströme angesaugt werden. Anders gesagt, die US-Konsumenten (Staat und Private) leihen sich das Geld, mit dem sie die Warenflut bezahlen, bei den Lieferanten. Oder noch anders ausgedrückt: Die Lieferanten bezahlen ihre eigenen Lieferungen. Die USA sind so zum schwarzen Loch der Weltwirtschaft geworden. Allerdings ist darin eine doppelte wechselseitige Abhängigkeit eingeschlossen. Würden die wundersamen US-Konsumenten nicht die weltweite Überproduktion sozusagen heroisch verknuspern, wäre die Welt-Wirtschaftskrise der Dritten industriellen Revolution schon längst durchschlagend manifest geworden. Außerdem handelt es sich keineswegs um Warenströme zwischen getrennten Nationalökonomien, sondern um Bewegungen innerhalb der betriebswirtschaftlichen Globalisierung! Es sind neben japanischen und europäischen vor allem US-Konzerne selbst, die China aufgrund der Billiglohn-Strukturen als Drehscheibe für transnationale Wertschöpfungsketten benutzen und von dort aus die Märkte in den USA und anderswo beliefern. Die entsprechenden Investitionen beschränken sich daher auf die „Exportwirtschaftszonen" und haben nichts mit einer traditionellen nationalökonomischen „Entwicklung" Chinas, Indiens usw. zu tun. Denn was aus nationalökonomischer Sicht wie Import und Export zwischen den USA und China erscheint, sind in Wahrheit lediglich betriebswirtschaftliche Binnenbewegungen der transnationalen Unternehmen. Die kapitalistische Statistik lässt sich hiervon jedoch nicht beeindrucken. So werden diese Binnenbewegungen der transnationalen Unternehmen unbeirrt nach wie vor den USA und China als Import und Export zugerechnet. China wird auf diese Weise eine Außenquote von über 30 Prozent zugeschrieben. Was aber hier als chinesische Exportindustrialisierung gefeiert wird, besteht in Wirklichkeit darin, dass China in eine völlige Abhängigkeit von transnationalen Kapitalbewegungen und Defizitflüssen geraten ist. Denn diese hohe Außenquote bezieht sich nur auf einen verschwindenden Bruchteil der gesamten Bevölkerungsmasse von mehr als 1.300 Millionen Menschen, wenn wir sehen, dass lediglich etwa 30 Millionen Chinesen in diesen Export-Zonen beschäftigt sind. Das ist in Relation zur Gesamtbevölkerung noch nicht einmal der berühmte Tropfen auf dem heißen Stein. Jedoch können wir erahnen, welche ökonomische und soziale Zerreißprobe hier heranreift.

Die asiatische Export-Einbahnstraße über den Pazifik in die USA hat inzwischen den Defizitkreislauf in ein Schwungrad verwandelt, das die gesamte Weltwirtschaft antreibt. Die europäische Industrie liefert nicht nur wie andere Weltmarktregionen einen Teil ihrer Überschüsse in die USA selbst (allein die deutsche Wirtschaft liefert derzeit jährlich über 60 Mrd. $ mehr in die USA, als sie von dort importiert), sondern exportiert gleichzeitig in wachsendem Ausmaß Produktionskomponenten für die asiatische Exportwalze (vor allem im Maschinenbau). Der allenthalben hoch gelobte „Aufschwung" der letzten Jahre ist fast ausschließlich auf diese Voodoo-Ökonomie zurückzuführen. Zwar wird periodisch hier und dort auf die Gefahr der sich auftürmenden „weltwirtschaftlichen Ungleichgewichte" in Gestalt der akkumulierten US-Außendefizite verwiesen. Aber weil es so lange irgendwie gut gegangen ist, folgt die Entwarnung meist auf dem Fuße. Das ist so, weil die Protagonisten (also die Fanatiker der Selbstverwertung des Werts) keinen blassen Schimmer von ihrem eigenen System haben und folglich nicht einmal wissen, dass und warum das kapitalistische System *objektiv* Krisen hervorbringt und wohin das schließlich führt (führen muss). Schauen wir uns das etwas näher an:

Die kapitalistische Krise und die doppelte Entwertung

Fangen wir mit der logischen und einfachen Frage an: Was ist eigentlich der tiefste Grund von ökonomischen Krisen? Quer durch die Bank des politischen, sozialen, „wissenschaftlichen" (VWL), medialen und finanz-ökonomischen Spektrums wird zumeist gesagt, der produzierte Wert könne mangels Kaufkraft nicht realisiert werden. Ja, aber warum gibt es zu wenig Kaufkraft? Etwa weil die „Arbeitgeber" oder „die Politik" zu geizig sind? Keineswegs! Sondern weil in Wirklichkeit zu wenig Wert/Mehrwert produziert wird und deshalb die regulären Löhne und Profite zu gering sind. Aber warum wird zu wenig Wert/Mehrwert produziert? Weil die Konkurrenz auf dem Weltmarkt bewirkt, dass durch technologische Entwicklung und betriebswirtschaftliche Kostensenkungsprogramme zu viel Arbeitskraft überflüssig gemacht wird. Es ist aber gerade und ausschließlich die Arbeitskraft als Kapitalbestandteil (nämlich seine Substanz), die allein neuen Wert und

Mehrwert produziert. Insofern ist die Freisetzung von Arbeitskraft nicht nur ein Problem für die Betroffenen, sondern ein Problem des kapitalistischen Systems überhaupt.

Die Krise beginnt also stets mit der Entwertung von Arbeitskraft. Wenn aber mit immer weniger Arbeitskraft immer mehr Waren produziert werden, so auch die zur Reproduktion der Arbeitskraft im weitesten Sinn notwendigen Lebensmittel, sinkt auch der Wert der Arbeitskraft. Weil dann in der Konkurrenz weniger Wert/Mehrwert verteilt werden kann, entstehen Überkapazitäten der Produktion. Jetzt werden auch die Waren entwertet. Immer mehr Unternehmen gehen bankrott oder müssen Fabriken schließen, deren Sachkapital (Produktionsmittel) ebenfalls der Entwertung anheimfällt. Wenn nicht neue Produkte wieder Massen von Arbeitskraft mobilisieren, eskaliert die Krise in einer Entwertungsspirale.

Und heute haben wir es weltweit genau mit einem solchen Entwertungsprozess zu tun. Aber diese Krise wurde bereits seit längerem angestaut. Verschuldungs- und Finanzblasen schienen seit den 80er Jahren auch ohne Anwendung von Arbeitskraft neuen Wert ohne Ende hervorbringen zu können. Wie wir heute sehen können, handelt es sich dabei um eine vollkommene Fehlinterpretation der globalen ökonomischen Entwicklung. Denn das weitgehend „arbeitslose" Geldkapital begann sich nicht erst 2007/2008 notwendigerweise in wiederkehrenden und global vernetzten Schüben von Finanzkrächen und Schuldenkrisen zu entwerten. Bei diesem Dilemma sind die Notenbanken in die Bresche gesprungen. Sie pumpen seither weltweit aus dem Nichts geschöpftes Geld mit immer längeren Laufzeiten in das Bankensystem. Die EZB hatte gleich erst einmal die anfängliche Ausleihfrist von maximal drei Monaten zunächst auf ein Jahr, inzwischen auf drei Jahre erhöht und unter dieser lockeren Bedingung in zwei Tranchen binnen nur eines Viertel Jahres mehr als eine Billion Euro an die Banken verteilt. Der größte Teil dieses Geldes verhinderte die Entwertung der riesigen faulen Kreditmasse, hält seitdem die maroden Bilanzen von Banken wie Konzernen über Wasser und treibt die Aktienkurse. Damit wurde ein gewaltiges Inflationspotential aufgebaut, das vorläufig noch im Finanzüberbau verharrt.

Auf der anderen Seite reicht aber der Stau bei der Entwertung von Schulden und Wertpapieren allein nicht aus, um die Entwertung der realen Kapitalbestandteile weiter aufzuschieben. In der EU hatte die Arbeitslosigkeit 2013 den höchsten Stand der Nachkriegsgeschichte erreicht; seither ist sie durch Trixerei in den offiziellen Statistiken und Schaffung eines breiten Sektors prekärer, also direkt Armut schaffender Arbeit nur scheinbar etwas gesunken. Die Ökonomie der Schuldenstaaten stürzt ab und droht die Weltkonjunktur mitzureißen. Großbankrotte zum Beispiel in Deutschland wie bei Karstadt/Quelle, der Drogeriekette Schlecker, der Fluggesellschaft AirBerlin… kündigen einen neuen Schub in der Entwertung des Sachkapitals an. Die gesamte französische Autoindustrie steht auf der Kippe, in Deutschland geht Opel permanent und schon wieder die Luft aus, was seinem Verkauf ausgerechnet nach Frankreich half.

Sobald sich aber die Geldschwemme der Notenbanken nicht mehr ausschließlich im Finanzüberbau zur ausschließlichen Rettung der Bilanzen halten lässt und sich darüber hinaus in reale Nachfrage verwandelt, wird das Inflationspotential abgerufen. Und weil die Krise so lange angestaut wurde, könnte es sogar sein, dass zum ersten Mal in der Geschichte des Kapitalismus gleichzeitig eine Entwertung des Geldmediums selbst und großer Teile des

Kapitals (Waren, Produktionsmittel, Arbeitskraft) stattfindet. Diese doppelte Entwertung würde bedeuten, dass die „auf dem Wert beruhende Produktionsweise" (Marx) als Ganzes ihren historischen Bankrott anmeldet, weil sie keine gesellschaftliche Reproduktion mehr tragen kann.

Globalisierung – Endkrise des Kapitalismus

Unter dem Begriff der Globalisierung kann heute jeder etwas anderes verstehen und tut das natürlich auch. Das ist möglich, weil der Inhalt dieses Begriffs selbst eine Entwicklung durchmachte, die ihrerseits mit der Entwicklung des Systems Kapitalismus einherging. Das können wir heute gut nachzeichnen:

So entsprach der Ersten industriellen Revolution, die durch die Anwendung von Kohle und Dampfkraft gekennzeichnet war, dem vermehrten Handelsaustausch der nationalen Betriebswirtschaften über Staats- und Ländergrenzen hinweg. Zumeist handelte es sich um *wechselseitige Lieferung und Einfuhr jeweils landestypischer Erzeugnisse* (zum Beispiel Wolle aus England nach Portugal; Wein von Portugal nach England). Während diese Revolution den Ruin der traditionellen handwerklichen Produzenten nach sich zog, beruhte die Zweite industrielle Revolution auf dem Verbrennungsmotor, dem Fließband und der betriebswirtschaftlichen „Arbeitswissenschaft", verbunden mit einer sozialökonomischen Spaltung der Epoche in die Zeiten der industriellen Weltkriege und der fordistischen Nachkriegsprosperität. Diese Revolution brachte einen vor allem militärisch induzierten großen Schub der Produktivkraftentwicklung mit sich und damit eine *enorme Internationalisierung der großen Betriebswirtschaften*; sie gründeten eigene Firmen im Ausland, da ihnen die nationalen Grenzen als Märkte bereits zu eng wurden für eine diesen Produktivkräften adäquate, also notwendigerweise wesentlich größere Mehrwert-Produktion. In erster Linie war das eine Kostenfrage; es war billiger, direkt im Ausland, also inmitten benötigter neuer Absatzmärkte, komplette Produktionsfirmen zu bauen, als zu Hause die Kapazitäten entsprechend aufzustocken und lange Lieferwege zu haben. Zu Beginn des Ersten Weltkriegs besaß zum Beispiel der deutsche Siemens-Konzern bereits eigene Firmen in Großbritannien, Russland, Österreich-Ungarn, Frankreich, Belgien und Spanien. 1936 hatte Siemens im europäischen Ausland dann schon 16 eigene Produktionsfirmen (u. a. in Wien, Budapest, Mailand und Barcelona). Außerhalb Europas entstanden Produktions-Joint-Ventures in Tokio und Buenos Aires. In Japan wurde hierzu gemeinsam mit dem *Furukawa*-Konzern bereits 1923 die *Fuji Denki Seizo K.K.* gegründet. Diese Form der Globalisierung (*Internationalisierung*) entwickelte sich weltweit etwa bis in die 70er/80er Jahre des 20. Jahrhunderts. Dann wurden bereits die ersten Auswirkungen der inzwischen einsetzenden Dritten industriellen Revolution der Mikroelektronik spürbar, die wiederum den Charakter der Globalisierung radikal veränderte. Die Dritte industrielle Revolution hat ihre technologische Basis in der Elektronik und den „Informationswissenschaften" und führte sowohl zu einer qualitativ neuen Stufe der Massenarbeitslosigkeit und damit der Systemkrise als auch zu einer *neuen Form der Globalisierung*, die mit ihren bisherigen Stufen keinesfalls mehr vergleichbar ist. Diese neue Form der Globalisierung ist letztlich eine weitere logische Konsequenz der Prozesse von struktureller Massenarbeitslosigkeit und staatlicher Deregulation. Dabei haben wir es mit einem regelrechten Eskalationsprozess zu tun. Nämlich Rationalisierung und Automatisierung führen zu einer neuen Qualität der strukturellen Massenarbeitslosigkeit, damit zu verminderter Kaufkraft und verminderten Staatseinnahmen. Der Staat reagiert darauf mit sozialen Restriktionen, was die Kaufkraft noch mehr herunterdrückt. Die Unternehmen wiederum reagieren auf dieses Austrocknen der Binnenmärkte mit der „Flucht nach vorn" auf den Weltmarkt. Das tun sie bereits seit etwa 40 Jahren. Da alle dasselbe tun, kommt es natürlich zu einer wechselseitigen Vernichtungskonkurrenz, begleitet von einer panikartigen Deregulierung, um das Kapital am heimischen „Standort" zu halten, was umgekehrt die Konzerne dazu treibt, die Staaten gegeneinander auszuspielen und im Kostensenkungs-Wettlauf die Strategie einer *globalen Diversifizierung* einzuschlagen. Diese *„Zerlegung" der betriebswirtschaftlichen Elemente über nationale und kontinentale Grenzen hinweg* wird gleichzeitig technologisch durch dieselbe mikroelektronische Revolution erst ermöglicht und vorangetrieben, die auch den Produktionsprozess automatisiert und die menschliche Arbeitskraft „wegrationalisiert".

>Auch für Teilprozesse der Produktion sind unterschiedliche Standorte möglich. Dadurch wiederum kann eine Reihe länderspezifischer Vorteile - wie etwa niedrige Löhne, kooperative Gewerkschaften, eine geringe Regulierungsdichte oder auch Steuerbefreiungen – mit firmenspezifischen Vorteilen verknüpft werden. Im Zuge des technischen Fortschritts sind Herstellungsprozesse für die meisten Güter immer zerlegbarer geworden, was die weitgehende Internationalisierung der Produktion erst ermöglichte. Erleichtert wird sie durch die Tatsache, dass die modernen Kommunikationstechniken den Informationsfluss innerhalb transnationaler Unternehmen erheblich verbilligt haben. Die Auslandsproduktion der größten Industrieunternehmen der Welt dürfte inzwischen ein Drittel des gesamten Welthandels ausmachen< (Hahn 1989). Nur acht Jahre später (1997) bestanden nach Angaben der UNCTAD bereits zwei Drittel des Welthandels aus Transaktionen dieser Art, was uns sehr deutlich die riesige Geschwindigkeit dieses (neuartigen) Prozesses zeigt. Heute (2018)

gibt es keine nennenswerten Anteile außerhalb dieses Welthandels mehr. Ein und dasselbe Unternehmen kann nun seine Betriebswirtschaft global aufspalten. Der offizielle Firmensitz ist vielleicht Frankfurt, die Finanzgeschäfte laufen über London, die Betriebsabrechnung wird von einem billigen EDV-Team in Indien erledigt, die Vorprodukte durch billige „Lohnveredelung" in Ungarn hergestellt, die Forschung (wegen der geringen staatlichen Auflagen) in den USA betrieben, die Gewinne im "Steuerparadies" Irland ausgewiesen usw. Dabei kann es sich sowohl um konzerneigene Subfirmen handeln, wie auch teils um die Inanspruchnahme selbstständiger Anbieter entsprechender „Dienstleistungen" im Zuge des sogenannten „Outsourcing". Vor dem Zeitalter mikroelektronischer Technologie wäre ein derartiges weltumspannendes Ausnutzen von Kostengefällen, das permanent im „flüssigen" Zustand bleibt, völlig unmöglich gewesen. Diese Unternehmen oder vielmehr Unternehmens-Agglomerationen agieren nicht mehr „international" und sie sind auch nicht „multinational" strukturiert, sondern sie gehören einer bisher unbekannten „transnationalen" Dimension an. Die Betriebswirtschaft, bislang eingebettet in einen nationalökonomischen Regulationsraum, durchbricht diesen nun und agiert unmittelbar auf dem regulationslosen Terrain des Weltmarkts, also eben *jenseits der Nationalökonomie (transnational).* Die Betriebswirtschaft wird „entbettet"; der eigentliche ökonomische Raum befindet sich nun außerhalb oder „jenseits" der bürgerlichen Zivilisation und ihrer Institutionen (Staaten), aus denen damit das Leben zu entweichen beginnt, was einer schleichenden Entstaatlichung gleichkommt. Den Protagonisten jeglicher Couleur schwant dunkel, dass ihnen das großkapitalistische Geschehen nahezu keinerlei Einfluss mehr zugesteht; sie selbst werden überflüssig. Im Jahrestakt tröpfeln ihnen oft illegal beschaffte Informationen über manche Details des demokratisch-legalen Geschehens vor die Füße; sie erhalten

Kenntnis über diverse Steuervermeidungs-Strategien von Konzernen und sogenannten Superreichen. Diese Informations-Pakete nennen sie „Panama-Papers" (2016), „Paradise-Papers" (2017) und geben sich zutiefst empört darüber, obwohl sie diese Praxis längst kennen, durch Gesetze erst ermöglichten oder selbst bei diesen Praktiken heimlich mittun: „Das ist zwar legal, aber so was kann man doch nicht machen!" Und ihnen bleibt nichts als der scheinheilige Appell an Moral und Ethik der jeweils „erwischten" handelnden Personen. Sie verstehen nicht und können nicht verstehen, dass es sich um den letztlich stinknormalen objektiven demokratischen Gang ihres eigenen Systems, des Kapitalismus, in die Selbstvernichtung handelt, wie wir von Marx wissen könnten. Das verselbstständigte und als Struktur wirkende „automatische Subjekt" (die Selbstverwertung des Werts mit seinem Hauptfetisch Geld), das ja nicht als Wesen irgendwo da draußen hockt, kennt natürlich gar keine Moral und Ethik und daher können solche Appelle nur ins Leere gehen. Geld, dieser verselbstständigte Fetisch, dieses Ding, hat keine Moral! Davon haben sie alle keine Ahnung. Und so bleibt auch das Folgende dem Wissen der Protagonisten verborgen:

Über diese Ebene der beschriebenen industriellen betriebswirtschaftlichen Globalisierung   legt sich nämlich eine zweite Ebene der finanzkapitalistischen Globalisierung, die das eigentliche Kommando vorgibt. Denn die Virtualisierung der Kapitalakkumulation mangels zusätzlicher rentabler Arbeitssubstanz hat das Verhältnis von Warenströmen im Weltmaßstab auf den Kopf gestellt: Die globalen Finanzbewegungen sind nicht mehr der monetäre Ausdruck eines entsprechenden Flusses von Waren und Dienstleistungen, sondern genau umgekehrt sind die Flüsse der realen Waren (und damit die materielle Reproduktion der Menschheit !) nur noch ein Ausdruck, ja sogar nur noch ein Abfallprodukt der verselbstständigten „Geisterakkumulation" von spekulativem Geldkapital. Der kapitalistische Selbstzweck kommt hier in reinster Form zu sich, aber damit auch in der Form der Unwirklichkeit, die das reale Leben zu beherrschen scheint, solange der „Krach" in den westlichen Zentren noch nicht stattgefunden hat.

Die simulative Geisterakkumulation des Spekulationskapitals reguliert nicht nur die Warenströme nach ihren Geisterbedürfnissen, sie ist auch logischerweise das Zentrum der Globalisierung, weil sie in einem weitergehenden Sinne als die reale Warenproduktion unmittelbar global sein kann. Während nämlich Waren und Produktionsanlagen sperrige handfeste Dinge der Makro-Welt bleiben und deshalb nicht wirklich „ortlos" sein können, sondern an realen Orten verweilen oder durch sie hindurchbewegt werden müssen, gleichen die Finanzströme des elektronischen Geldes gewissermaßen den subatomaren Teilchen der Physik, deren Ort gar nicht mehr genau bestimmbar ist. Mit Hilfe der Kommunikations-Technologie werden ebenso ungeheure wie unwirkliche Geldmassen mit nahezu Lichtgeschwindigkeit und in „Echtzeit" bewegt, um Mikrovorteile im 24-Stunden-Finanztag der Welt auszunutzen. Von „Investition" in irgendeinem herkömmlichen Sinne kann dabei gar nicht mehr die Rede sein. Die nationalökonomischen Institutionen und vor allem die Nationalstaaten werden dabei ebenso ausgehöhlt wie Gewerkschaften und Unternehmerverbände. So ist die „Währung", die jeweilige nationalökonomische Einheit des Geldes, in den meisten Staaten der Welt entweder bereits ganz verschwunden oder zum bedeutungslosen „Arme-Leute-Geld" herabgesunken, zur Sub-Währung der Herausgefallenen, während die eigentliche Anbindung an die globale Ökonomie, soweit sie überhaupt noch stattfindet, längst über eine Fremdwährung mit Elementen einer Weltgeldfunktion (Dollar, Euro, Yen etc.) läuft. Auch das währungspolitische Kamikaze-

Experiment des Euro, bei dem eine transnationale Kunstwährung über völlig uneinheitliche nationalökonomische Räume mit ganz unterschiedlichen Produktivitätsstandards, Rechtssystemen usw. gelegt wurde, ist nichts anderes als eine Auflösungserscheinung der Nationalökonomie, denn die Staaten sind der Möglichkeit (und damit eines Teils ihrer Souveränität) beraubt, auf Marktentwicklungen (national) reagieren zu können (Auf- bzw. Abwertung einer eigenen Währung). Diese währungspolitische „Flucht nach vorn" im Interesse der europäischen Global-Player, die für ihre weltweite Flexi-Strategie durch den Wegfall der verschiedenen Währungsräume innerhalb der EU Transaktionskosten sparen, findet auf dem Rücken der restlichen „subglobalen" Ökonomie mit ihren regionalen Strukturen und Beschäftigungsverhältnissen statt. Unter dem Diktat der transnationalen Betriebswirtschaft beschleunigt sich von Monat zu Monat in der staatlichen und regionalen „Standort"-Konkurrenz der selbstzerstörerische Wettlauf im allgemeinen Sozialdumping, Steuerdumping und Ökodumping. Deshalb sind auch die „politischen Streitfragen" so erbärmlich dünn und langweilig geworden, weil die Politik im vorauseilenden Gehorsam gegenüber der nationalökonomisch „entbetteten" transnationalen Betriebswirtschaft auch in der dem System vorgestanzten nationalen Form fast keine Alternativen mehr formulieren kann. Die Politik schlägt auch als sogenannte Außenpolitik keine hohen Wellen mehr; die gesellschaftliche Spannung ist bis in den medialen Zirkus hinein auf die Finanzmärkte und ihre Akteure übergegangen.

So kann sich die EU, die ja außer einer tüchtigen Portion Ideologie lediglich ein Vertrags-System konkurrierender Staaten ist, mittelfristig nur krachend verabschieden, wie sich eben auch die Nationalökonomien auflösen. Die Logik dahinter ist einfach: Keine Nationalökonomie mehr –> keine Geldquelle für den Staat; keine

Geldquelle für den Staat –> keine Handlungsfähigkeit/damit kein Staat mehr; kein Staat –> keine Verträge zwischen Staaten/keine EU, UNO etc. Und natürlich gibt es ohne Staaten auch deren Handlungsformen nicht mehr, nämlich Politik, Recht und die in Militär und Polizei monopolisierte Gewalt. Fetisch-Konstrukten wie Souveränität, Demokratie, Nation und Volk fehlt damit ihre Basis; sie verschwinden, indem sie sich noch einmal gewalttätig aufblähen, in verflüssigten Strukturen anomischer Zerstörungswut.

Das Szenario der gegenwärtigen Kredit- und Dollarkrise

Im Lauf des Jahres 2007 hatten sich schließlich bedrohlich schwarze Wolken am weltökonomischen Horizont zusammengezogen. Es musste so kommen: Die US-Immobilienblase, Haupttreibstoff des Konsums in den davorliegenden Jahren, sank in sich zusammen, die Häuserpreise gingen rapide zurück. Damit wurden die Hypothekenkredite im „Subprime"-Bereich (ohne nennenswertes Eigenkapital) massenhaft notleidend. Welche Dimensionen die damit heraufziehende Finanzkrise annehmen kann, hatte sich schon binnen weniger Monate angedeutet: Plötzlich gerieten Banken und Sparkassen in vielen Ländern unter massiven Abschreibungsdruck, weil die US-Schuldenpapiere natürlich global zirkulierten. Das war aber erst der Anfang. Aufgrund der sich oft über Jahre erstreckenden Umschlagszyklen von Kredit- und Sachkapital wurde das wahre Ausmaß der Kreditkrise erst in den Jahren 2008 bis 2010 sichtbar. Niemand konnte die Größenordnung genau voraussagen, aber diese Krise drohte alle Krisenphänomene der Dritten industriellen Revolution in den davorliegenden 20 Jahren zu übertreffen. Denn wenn in diesem Zeitraum der US-Konsum einen tiefen Einbruch erlebt hätte, wäre nicht nur der Rückschlag auf die globalen Aktienmärkte wirksam geworden,

sondern auch der pazifische Defizitkreislauf und damit die Weltkonjunktur zum Stehen gebracht.

Es war Pfeifen im Wald, wenn Wirtschaftskommentatoren ab
2008 zu erwarten vorgaben, dass die Binnenkonjunktur in der EU
oder gar in China plötzlich „selbsttragend" werden und den US-
Konsum als Staubsauger der überschüssigen Warenströme ablö-
sen könnten. Praktisch feierte man in der BRD das „Sommermär-
chen" eines starken Quartals-Wachstums, befeuert vor allem
durch Exporterfolge der Autoindustrie (der Inlandsabsatz war
gleichzeitig signifikant eingebrochen) und des Maschinenbaus.
Die Krise galt bereits als bewältigt, obwohl das frühere Niveau des
Bruttoinlandsprodukts noch bei weitem nicht wieder erreicht
wurde und ein anhaltender Boom der Weltwirtschaft bereits
2008 unwahrscheinlich war und es bis heute (2018) geblieben ist.

Wo sollte denn in den Regionen EU und China plötzlich die Kaufkraft für eine Ablösung der USA als Gewährleister der Weltkonjunktur herkommen, die ja schon trotz boomender Exportkon-
junktur in diesen Regionen bislang nicht da war?

Und genau diese USA als größte Volkswirtschaft der Welt sind der
globale aktuelle Unsicherheitsfaktor. Dort trübt sich die Stimmung immer weiter ein, denn die zunehmend als äußerst belas-
tend empfundenen ökonomisch-sozial spürbaren Entwicklungen
müssen objektiv und unausweichlich von den Menschen auch ideologisch, also diskursiv verarbeitet und reflektiert werden. Sie sehen und erleben eine Phasenverschiebung der Konjunktur, denn
in den USA hatten die staatlichen Banken-„Rettungs"-Programme
zuerst eingesetzt und laufen daher auch früher als anderswo aus.
Jetzt zeigt sich, dass dieser vermeintliche „Anschub" ins Leere
läuft. Führende Ökonomen sprechen in den letzten Jahren immer

wieder von einem bevorstehenden „double dip", einem womöglich noch tieferen Rückfall in die Rezession.

Das Hauptproblem ist neben der riesigen Staatsverschuldung die massive Überschuldung der US-amerikanischen Privathaushalte, deren Konsum über 70 Prozent des BIP ausmacht. In den Hochzeiten der Defizitkonjunktur 2007 lag das reale Durchschnittseinkommen unter dem von 1970. Die Konsumkraft kam allein von Kreditkarten und beliehenen Hypotheken, die nun großenteils nichts mehr wert waren. Die offizielle Arbeitslosigkeit hatte sich 2010 auf 10 Prozent verdoppelt, real wurde sie auf 17 Prozent geschätzt. Mit enormer statistischer Trickserei betrifft die Arbeitslosigkeit heute nur noch 4,7 Prozent der arbeitsfähigen US-Amerikaner. Sammelt man vergleichend Zahlen unterschiedlicher Statistiken, können wir davon ausgehen, dass die Zahl der US-Bürger, die ohne eine Arbeitsstelle sind, nach wie vor bei zumindest 13 Prozent liegt. Millionen von Menschen dieses Landes sind, um ein Dasein auf Armutsniveau zu fristen, gezwungen, täglich ihre Arbeitskraft in zwei oder mehr prekären Arbeitsverhältnissen verwursten zu lassen. Nach offizieller Statistik gelten etwa 50 Millionen US-Bürger als arm, also mehr als 15 Prozent. Ebenso viele erhalten Lebensmittel-Marken, wie das in Deutschland in den ersten Nachkriegsjahren notwendig war. Allein um diesen prekären Status quo in den USA zu erhalten, wäre ein jährliches Wachstum von über 3 Prozent erforderlich, wovon die Protagonisten aber nur träumen können; das durchschnittliche jährliche Wachstum beträgt seit 1970 gerade einmal 1,6 Prozent. Eine dauerhafte Senkung der Erwerbslosenquote wäre nur bei 6 bis 9 Prozent Wachstum erreichbar. Das ist auf lange Sicht ausgeschlossen, denn vor allem die Mittelklasse (nicht nur in den USA) erodiert in atemberaubendem Tempo. Um wieder real-ökonomisch basiert kaufkräftig zu werden, müssten die US-Haushalte zunächst einmal ihre etwa 18 Billionen Dollar Schulden[4] tilgen oder ihre Ausgaben für 30 Jahre massiv einschränken. Das würde die Konjunktur umso mehr in den Abgrund reißen. Eine weitere staatliche Subventionierung stellt aber die Kreditwürdigkeit der USA und damit nicht zuletzt die militärische Weltmacht in Frage. Die Kosten für die US-Kriege in Afghanistan, Syrien, im Irak und anderswo sind seit 2002 um mehrere hundert Prozent gestiegen und können nach dem Platzen der Finanzblasen nicht mehr aus der Portokasse bezahlt werden. Das Durchhalten ihrer Weltmachtrolle und damit die Aufrechterhaltung des Rüstungs-Dollars als Weltgeld tut den Menschen der USA zunehmend weh. Die Staats-Verschuldung wird allein bereits wegen der forcierten Kriegswirtschaft riesenhaft ansteigen.

Die grassierende anti„amerikanische" Häme angesichts dieser Entwicklung ist vollkommen blind für den kapitalistischen Gesamtprozess und lässt daher die Rolle der Weltmacht-Ökonomie für den globalen Kapitalismus insgesamt außer Acht. Eine längerfristige Abkoppelung der Weltkonjunktur von den USA ist aber illusorisch. Jene über Jahrzehnte aufgebaute Struktur, die von ihrem Anfang an auf dem defizitären Weltmacht-Konsum beruht, kann nicht innerhalb von Monaten oder weniger Jahre ins Gegenteil verkehrt werden. Ich wiederhole mich: Weder China noch die EU oder Japan sind in der Lage, den Part der USA zu übernehmen. Das betrifft auch die Funktion des Weltgelds. Nach dem Ende des

---

[4] Je nach genutzter Quelle wird diese Kategorie auch etwas geringer beziffert. Die Federal Reserve Bank zum Beispiel benennt für das letzte Quartal 2017 mehr als 13 Billionen Dollar. Allerdings können wir davon ausgehen, dass diese zutiefst im System verstrickte Bank (ebenso wie auch andere) stets eine gewisse, also interessengetriebene Schönfärberei betreibt. Für den Zweck dieses Textes und bei der erreichten exorbitanten Größenordnung der Verschuldung US-amerikanischer Privathaushalte ist eine tiefere Untersuchung dieser Kennziffer jedoch nicht erforderlich. Mit anderen Worten: Auf ein paar Billionen kommt es gar nicht mehr an.

„Golddollars" steht nun aber auch der „Rüstungsdollar" zur Disposition. Der chinesische Renminbi/Yuan ist noch nicht einmal eine konvertible Währung und der Euro steckt selbst in einer tiefen Krise, was seine Protagonisten jedoch auf keinen Fall gelten lassen wollen. Dennoch bleibt uns nur festzustellen, dass der Verlust einer anerkannten Welthandels- und Reservewährung erst recht unweigerlich auf die globale Konjunktur zurückschlagen würde. Sobald sich die konjunkturelle Phasenverschiebung ausgleicht und die Staatsprogramme auch in China und in der EU (hier noch verschärft durch die oktroyierten Sparprogramme) ihre Grenzen erreichen, wird sich für diese Zentren eine ähnliche Situation ergeben wie jetzt für die USA. Das tatsächliche Ende der nur noch am seidenen Faden hängenden Weltmacht-Ökonomie könnte dann spätestens in den nächsten Jahren eine zweite Welle der Welt-Wirtschaftskrise auslösen.

Bei allem was wir diesbezüglich sehen, tut sich nämlich ein doppeltes Zinsdilemma auf. Die Asienkrisen der 90er Jahre und der Zusammenbruch der virtuellen New Economy nach 2000 waren noch durch einen Zinssenkungs-Wettlauf der Zentralbanken aufgefangen worden, der die Märkte mit billigem Geld überschwemmt hatte. Das erwarteten nun, 2007/2008, die sogenannten Finanzmärkte ebenfalls wieder von der US-Notenbank, der die anderen folgen sollten. Ihre Erwartungen wurden letztlich nicht enttäuscht. Zunächst wurden jenseits des Atlantiks von der Zentralbank die Gelddruckmaschinen angeworfen und den Banken riesige Milliardenbeträge zu quasi Null-Zinsen aufgenötigt, die diese der sogenannten Realwirtschaft (gibt es denn eine andere?) in Form von Krediten überhelfen sollten, die letztere aber für eine industrielle Mehrwert-Produktion wegen bereits vorhandener allseitiger Überkapazitäten gar nicht mehr gebrauchen konnten. Mit dieser Praxis aber drohte einerseits eine neuerliche

Dollarschwemme das längst lauernde Inflationspotential der „Vermögensinflation" von Schuldtiteln abzurufen und die säkulare Geldentwertung in das galoppierende Stadium übergehen zu lassen, wenn der absterbende US-Konsum auf diese Weise befeuert werden soll. Zum andern war absehbar, dass der Zustrom überschüssigen Geldkapitals in die USA versiegt, wenn die Europäische Zentralbank angesichts einer steigenden Inflation nicht mitzieht und so die Zinsdifferenz zwischen den USA und der EU eingeebnet wird. Die Gleichzeitigkeit von Depression und Inflation rückte in den Bereich des Möglichen. Aber die Europäische Zentralbank zog natürlich mit und warf ebenfalls mit riesigen aus dem Nichts geschöpften Milliarden-Beträgen an Euro um sich und kauft bis heute riesige Mengen prekärer Staatsanleihen aus EU-Ländern auf.

Insgesamt begann das Zinsdilemma als Resultat der auf die Welt ausstrahlenden US-Kreditkrise auch die Weltgeldfunktion des Dollars in Frage zu stellen. Dahinter steht letztlich das aufgetürmte Außendefizit, das eine drastische Abwertung des Dollars und eine ebensolche Aufwertung der Exportüberschuss-Währungen verlangt. Zwar wurde der Dollar in der Vergangenheit schon mehrmals kontrolliert abgewertet, was darauf hinauslief, dass die Gläubigerländer einen Teil der US-Schulden bezahlen mussten. Jetzt aber zeichnete sich ein unkontrollierter Absturz ab, der gegenüber dem Euro bereits begonnen hatte, während die asiatischen Währungen noch künstlich niedrig gehalten wurden. Wenn aber die Kreditkrise voll durchschlägt, wird auch diese Barriere durchbrochen. Dann ist nicht nur die Finanzierungsfähigkeit des militärisch-industriellen Komplexes am Ende, sondern auch der Mythos vom „sicheren Hafen". Und um diesen Mythos aufrecht zu erhalten, musste nun eine weiterhin vorhandene Bonität der USA als Weltmacht nachgewiesen werden. Denn als alleinige

Grundlage zur Absicherung ihrer weiteren mit virtuellem Geld bezahlten Importe aus dem fernöstlichen Raum und der übrigen Welt dient ihre Bonität als Militärmacht. Geht diese flöten, ist der Kapitalismus nicht zu halten und verschwindet in einer globalen Barbarei, die dann voraussichtlich mit der vollständigen Vernichtung der Menschheit endet. Und so steckten die USA, obwohl der militärische Komplex bereits exorbitant aufgebläht war, weitere Milliarden $ in diesen Bereich, um der Welt zu zeigen, wir sind nach wie vor die Weltmacht Nummer Eins; auf uns könnt ihr euch verlassen; habt Vertrauen zum Dollar!

US-Militärausgaben ($)		US-Kriegskosten ($)
2005	610,9	105,5
2006	620,39	120,6
2007	636,67	170,4
2008	683,78	185,6
2009	738,62	155,0
2010	758,89	171,7
2011	749,53	169,4
2012	706,92	121,2
2013	650,85	98,7
2014	610,64	92,3
2015	596,01	70,6
2016	606,23	
2017	ca. 700	

So verpassten die USA ihrem militärischen Komplex ab 2008 für ein paar Jahre einen weiteren gewaltigen Schub. Bezahlt wurde dieser mit Krediten, also Anleihen an eine künftige Mehrwertproduktion, die nie mehr kommen wird. Und alle taten es den Amis gleich. So wenden die Länder des kapitalistischen Zentrums heute (2018) pro Jahr über eine Billion Dollar für militärische Aufrüstung auf, mit steigender Tendenz.

Aber an die Stelle des Dollars kann nun kein neues Weltgeld mehr treten, auch wenn der Euro dazu hochgejubelt wird. Da der Euro weder eine Gold- noch eine Rüstungsgrundlage hat, wird er den Platz des Dollars nicht einnehmen können. Die Krise des Weltgelds und das damit verbundene Inflationspotential verweisen auf eine herangereifte Krise des Geldes überhaupt. Das zeigt sich auch am unaufhaltsamen Anstieg des Goldpreises mit immer neuen Rekordständen, der die aufziehende Währungskrise begleitet: Der Warencharakter des Geldes mit eigener Wertsubstanz macht sich in der Krise geltend. Das Gold wird vom bloßen Rohstoff wieder zum „eigentlichen" Geld bzw. Weltgeld, aber auf Goldbasis können die Produktivkräfte der Dritten industriellen Revolution schon lange nicht mehr als Weltmarktbewegung vermittelt werden, weil der Weltgoldbestand, obwohl selbst immer umfangreicher werdend, gegenüber den nun zu bewegenden Produktivkräften längst zu einer nur noch marginalen Größe wurde. Genauso gut könnte man versuchen, den Ozean mit einem goldenen Kaffeelöffel auszuschöpfen. Die Situation der Zwischenkriegszeit droht wiederzukehren, aber auf viel höherer Entwicklungsstufe.

Weltkrise, Weltideologie und Weltbürgerkrieg

Was in dieser Situation einer historischen inneren Schranke des Kapitalismus für die emanzipatorische Gesellschaftskritik ansteht, ist die Neubestimmung des Sozialismus jenseits der Fetischformen von Ware, Geld, Nationalstaat und der damit verbundenen Geschlechterverhältnisse. Soweit aber die Linke stattdessen zu ihren alten Interpretationsmustern zurückkehrt und nach einer positiv besetzbaren immanenten „Kraft" der neuen Weltkonstellation sucht, droht sie selber reaktionär zu werden. Dabei schlägt Kapitalismuskritik vielfach in sogenannten Antiamerikanismus und in offenen oder strukturellen Antisemitismus um. Die „objektiven Gedankenformen" (Marx) des Kapitalfetischs, die eine „Verkehrung der Wirklichkeit" enthalten, bilden (wenn sie nicht durchbrochen werden) die Grundlage für eine ideologische Verarbeitung der Krise, wie sie schon in der Zwischenkriegszeit zu verheerenden Resultaten geführt hatte. In der Globalisierung des Kapitals entsteht daraus eine mörderische Weltideologie. Ursache und Wirkung werden auf den Kopf gestellt: Die Kreditkrise erscheint den Systemidioten nicht als Folge einer inneren Erschöpfung der Real-Akkumulation, sondern als Resultat „finanzkapitalistischer Gier" (eine seit über 200 Jahren mit antisemitischen Klischees verbundene Vorstellung); und die Rolle der USA und des Rüstungsdollars nicht als übergreifende gemeinsame Bedingung des globalisierten Kapitals, sondern als imperiale Unterdrückung der übrigen Welt.

Das Motiv dieser ideologischen Verkehrungen ist heute der desperate (verzweifelte/hoffnungslose) Wunsch, sich in die Zeiten fordistischer Prosperität und keynesianischer Regulation zurück zu flüchten. Dabei macht sich bis in die radikale Linke hinein eine Option geltend, die „US-amerikanische, unilaterale Version des

Empire" (Hardt/Negri 2004) durch eine „demokratische" Globali-sierung unter Führung der EU und womöglich mit dem Euro als neuer Welthandels- und Reservewährung abzulösen. Diese Op-tion ist aber nicht nur völlig krisenblind, sie verkennt auch den in-neren Zusammenhang des Weltkapitals und den Charakter der EU (Vertragswerk zwischen konkurrierenden Nationalstaaten). Auch die phantasmatischen Bündnisvorstellungen für diesen virtuellen Weltreformismus sind nur noch schauerlich; etwa wenn das Ga-zprom- und Geheimdienst-Regime eines Putin oder die großen-teils von transnationalen Kapitalinvestitionen getragene chinesi-sche Exportbürokratie ebenso eingemeindet werden sollen wie die unheilige Allianz zwischen dem bereits schon wieder geschei-terten Öl-Caudillismus eines Chavez und dem antisemitischen Is-lamisten-Regime in Teheran.

Ganz abgesehen davon, dass eine EU-zentrierte Globalisierung um keinen Deut besser wäre als eine USA-zentrierte, ist sie auch gar nicht möglich. Es geht nicht allein darum, dass der Euro den abstürzenden Rüstungsdollar nicht ersetzen kann, sondern die EU ist deshalb auch nicht in der Lage, die überschüssigen Geldkapi-talströme umzukehren und die globale Überproduktion aufzusau-gen. In noch größerer weltökonomischer Abhängigkeit von dieser paradoxen Rolle der US-Ökonomie befanden und befinden sich zum Beispiel Russland, Venezuela und der Iran, deren politische Ansprüche gegen den „Satan USA" sich bislang allein von der schon wieder Geschichte gewordenen Explosion des Ölpreises nährten. Wie wir heute sehen, kann Venezuela bereits den Welt-markt-Anforderungen in keinerlei Hinsicht mehr genügen und ist trotz riesiger Erdölvorkommen objektiv bereits auf dem Weg ein Weltsozialfall zu werden, dessen Bevölkerung, wenn überhaupt, dann nur noch mühsam durch Spenden aus der übrigen Welt und mit dem Einsatz internationaler Hilfsorganisationen auf dem Ni-veau eines Dahinvegetierens am Leben gehalten werden kann.

Der bestehenden Entwicklungs-Tendenz nach verliert jedoch auch diese „übrige Welt" ihre Hilfsmöglichkeiten zunehmend.

Wenn das Schwungrad des pazifischen Defizitkreislaufs zum Stillstand kommt und eine Weltdepression ausgelöst wird, müssen die Öl-Regimes allesamt als erste über die Klinge springen. Russlands Wirtschaft (dieser kleine Schlenker sei mir erlaubt), die als Sowjetunion Ende der 80er Jahre vom Weltmarkt hinweggefegt wurde, hat sich seither nicht entwickelt, sondern ist weiter degeneriert. Die zwischenzeitlich eingenommenen Öl-Dollars wurden notwendigerweise überwiegend für den Konsum verknuspert, da dieser wegen unzureichender eigener industrieller Produktivkraft nicht selbst gewährleistet werden konnte. Nahezu die gesamte Wirtschaft hängt am staatlichen Kredit-Tropf, da sie zu ausreichender eigener realer Mehrwertproduktion auf Weltmarkt-Standard nicht mehr fähig ist. Und woher hat der Staat dieses Geld? Zum Teil aus internationalen Krediten, die mit Zinsen getilgt werden müssen; überwiegend jedoch lässt er es drucken, wie übrigens die internationalen Kreditgeber ebenfalls. Nebenwirkung: Die nationale Währung zerfällt.

Für einen Rubel erhielt man 1993 noch 1,61 DM (das entspräche etwa 0,85 €). Bereits 7 Jahre später, also im Jahr 2000, konnten für einen Rubel nur noch etwa 7 deutsche Pfennige eingetauscht werden (umgerechnet etwa 0,036 €); bereits ein nahezu bodenloser Absturz. Diese Entwicklung des Rubel-Zerfalls, also sein Kaufkraft-Verlust, setzte sich jedoch immer weiter fort: 2005 entsprach ein Rubel noch 0,029 €; 2010 etwa noch 0,025 € und 2015 bereits etwa nur noch 0,013 €. So verlor der russische Rubel seither über 98 Prozent an Kaufkraft. Russland ist auf Gedeih und Verderb an den Zufluss von Erdöl-Dollars genagelt. Soweit dazu und jenen ins Stammbuch, die uns Russland als erneuerte Weltmacht einreden wollen. Dabei besteht diese „Macht" einzig auf dem dort noch immer vorhandenen, von der verflossenen Sowjet-union geerbten riesigen und in weiten Teilen noch immer maro-den Atomwaffen-Arsenal. Aber: Allein der jährliche US-Rüstungs-haushalt ist wenigstens neun Mal so hoch (!) wie der russische.

Die heute reif werdende Weltkrise der Dritten industriellen Revo-lution, für deren Bewältigung keinerlei neues „Regulationsmo-dell" in Sicht ist, wird sicher nicht einfach ihren ökonomischen Gang gehen. Noch mehr als bei früheren Brüchen der Moderni-sierungsgeschichte lauert in der sich abzeichnenden ökonomi-schen Unbewältigbarkeit der neuen globalen Krisenkonstellation die Gefahr einer irrationalen „Flucht nach vorn" in den Weltkrieg. Allerdings kann das auf dem Entwicklungsniveau der Globalisie-rung kein Krieg mehr zwischen nationalimperialen Machtblöcken für die „Neuaufteilung der Welt" sein. Denn mit neu eroberten Territorien kann niemand mehr ökonomisch etwas anfangen. Vielmehr sind sie, soweit dort eine Bevölkerung lebt, allein schon wegen des erforderlich hohen Verwaltungsaufwandes, ge-schweige denn wegen der jeweils zu reparierenden bzw. über-haupt erst auf- und auszubauenden industriellen und sozialen Inf-rastruktur zusätzliche Kostenfresser. Russlands Einverleibung der ukrainischen Krim vor wenigen Jahren war lediglich militärisch in-duziert und kann als Beispiel so eines Kostenfressers dienen.

Global gesehen müssen wir vielmehr von einem Weltbürgerkrieg neuen Typs sprechen, wie er sich in den „Entstaatlichungs"- und Weltordnungskriegen seit dem Untergang der Sowjetunion be-reits angedeutet hat, die wohl aber nur die Vorboten waren. Noch nie war die Parole „Sozialismus oder Barbarei" so aktuell wie heute. Aber gleichzeitig muss der Sozialismus am Ende der Mo-dernisierungsgeschichte neu erfunden werden, denn das was un-ter diesem Etikett als „real existierender Sozialismus" firmierte und sich Ende der 80er Jahre sang- und klanglos und äußerst blamabel vom Acker machen musste, war nichts als ideologisch zusammengerührte Scheiße, ein Etikettenschwindel bzw. eine grausame Marx-Fälschung. Vielleicht auf keinen Denker der Moderne trifft so sehr der Spruch des polnischen Aphoristikers Stanislaw Jerzy zu wie auf Marx: „Sie haben ihn durch ein Denkmal gesteinigt".

Die Globalisierung der „Anständigen"

Hier nun will ich Dir zeigen, was die derzeitige ökonomische Welt-„Entwicklung" bei Deinen Diskursen mit anderen Menschen und Institutionen auch in Deinem Kopf ideologisch anrichtet.

Die ideologische diskursive Verarbeitung der ökonomischen Entwicklung erfolgt auch heute weltweit und für jeden sichtbar in Form einer ethno-religiösen, separatistischen Feindbestimmung. Anderes ist den Menschen als Konkurrenz-Subjekte, die nicht den Hauch einer Ahnung von ihrer kapitalistischen gesellschaftlichen Verfasstheit haben, auch gar nicht möglich. Und so gibt es keine „Globalisierung der Anständigen", die sich von den Untaten des rassistischen Mobs und seiner Ausländerhetze, wie wir sie auf der ganzen Welt beobachten können, fein säuberlich entmischen ließe; ganz abgesehen davon, dass die Globalisierung des Kapitals auch zum Ursachenkomplex der weltweit, für jeden der es will allzu deutlich sichtbaren Migration gehört. Deshalb fällt auch der vielbeschworene „Aufstand der Anständigen" gegen diesen Mob mehr als mau aus. Nicht nur deckt sich der institutionelle demokratische Ausgrenzungs-Imperialismus überall auf der Welt mit den Untaten des Pöbels; und auch die in diesem Kontext widersprüchlich eingelagerte kapitalistische Ausnutzung eines Teils der

Migranten ist nicht der einzige demokratische Beweggrund. „Die Ausländer" bilden vielmehr auch noch in ganz anderer Hinsicht eine Ressource für das Kapitalverhältnis und dessen Instanzen: nämlich als Kanonenfutter der Krisenverarbeitung. Je mehr die globale kapitalistische Reproduktion zu einer Minderheitsveranstaltung auch in den Zentren zu werden droht, desto größer wird das kapitalistische Bedürfnis, der diffusen Volkswut ein Opfer zum Fraß vorzuwerfen. Die demokratischen Eliten entwickeln mit fortschreitender Krise die klammheimliche Überlegung, gerade durch die relative (wenn auch nicht zugegebene) Freigabe des Pogroms gegen die „Anderen" irgendwie „Ruhe und Ordnung" für sich retten zu können.

Es ist ein nie explizit formulierter, aber sich faktisch durchsetzender Deal der Weltmarkt-Demokratien mit ihrem rassistischen Mob und ihren Killerkids: Wenn schon Straßenkrawall, gewaltsamer „Kampf" usw., dann immer noch lieber gegen die „Ausländer" oder ausgewählte Problem-Gettos als gegen Parlamente, Arbeitsämter oder Banken. Und wenn schon Plünderung, dann lieber der kleine Koreaner, Grieche oder Türke an der Ecke als Karstadt oder Wal-Mart. Irgendwie muss ja das Ventil geöffnet werden, falls gar nichts mehr zu gehen droht, und so können Apparate und Management vielleicht Zeit gewinnen. Noch die ärgsten Zumutungen und beginnende Elendsverhältnisse können den eigenen westlich-„weißen" Verlierermassen von Globalisierung und Krisenkapitalismus womöglich schmackhaft gemacht werden, wenn sie dafür ein paar „Fidschis" oder „Moros" oder „Kanaken" anzünden dürfen, ohne dass ihnen recht viel mehr passiert als der nachfolgende Anblick einer frommen demokratischen Menschenkette. Dieses Vorgehen muss nicht einmal eine bewusst ausgearbeitete Strategie sein, obwohl selbst das kaum auszuschließen ist; es genügt, dass das ideelle Gesamt-Reptiliengehirn von politischer Klasse und demokratischen Apparaten in irgendeinem Winkel seiner Monstrosität diesen impliziten Gedanken ausbrütet, um ihn auf osmotische (scheinbar selbsttätige) Weise in reales politisch-bürokratisches Verhalten zu übersetzen.

Ein Aspekt ist dabei auch das demoskopische „Wählerverhalten". Da die formale Legitimation des Apparates außerhalb des Ausnahmezustands über das nichtswürdige Spektakel der sogenannten „Wahlen" führt, die inhaltlich längst gar nichts mehr bedeuten, hängt Erhalt oder Eroberung der äußeren Macht und damit der staatlichen Futterkrippen, der bevorzugenden Verteilungsfähigkeit, der Befriedigung des politischen Ehrgeizes usw. davon ab, sich möglichst geschmeidig an die jeweilige medial geschürte Massenstimmung anzupassen. Und da die nach Stimmen fischende politische Klasse genau weiß, dass sie es beim Wahlvolk nicht mit zurechnungsfähigen freien Menschen, sondern mit gemeinen Konkurrenzsubjekten eines totalitären Zwangssystems zu tun hat, das noch dazu aus dem Ruder zu laufen droht, kennt sie natürlich auch genau den konstant großen oder sogar steigenden Anteil rassistischer, antisemitischer, ausländerfeindlicher und autoritärer Komponenten der Massenstimmung, die mit bösartiger Feinfühligkeit „bedient" sein will.

Es mag sein, dass ein Teil der demokratischen Intelligentsia, der ethnischen Prediger, der Medienpolitiker, der wirtschaftsliberalen Ideologen, des Managements usw. diesen Zusammenhang wirklich nicht will, zumindest nicht wahrhaben, und sich mangels realistischer Selbsteinschätzung lieber etwas vormacht, ja sogar an die eigenen Phrasen glaubt. Aber der soziale Tiefgang der Affinität von Marktwirtschafts-Demokratie und rassistischem Mob ist ein objektives Faktum, das sich gerade dort verdichtet, wohin alle drängen: in der berüchtigten „Mitte", der alten ebenso wie der neuen. Das Phänomen ist kein Geheimnis, es füllt schon die Bibliotheken soziologischer und politologischer Seminare. Und die Beweise sind erdrückend.

Während die demokratischen Parteien noch zum „Aufstand der Anständigen" gegen rechtsradikale Parteien, Neonazis und Rassisten aufrufen, bestreiten sie in der gesamten westlichen Welt ihre eigenen Wahlkämpfe mit wohldosierten Zugeständnissen an Ausländerhass und Rassismus, etwa in Großbritannien: „Tories und Labour-Regierung machen Stimmung gegen Flüchtlinge, die Presse erfindet eine Asylkrise – ein bisschen Fremdenfeindlichkeit soll Stimmung bringen... Wie fast überall in Europa (!) versuchen auch britische Politiker vor Wahlen, sich mit markigen Forderungen nach Recht und Ordnung zu überbieten. Sekundiert wird ihnen dabei von konservativen Zeitungen, die eine ‚Asylkrise' ausgerufen haben" (Sontheimer bereits 2000).

Am deutlichsten ist dieses Zusammenspiel in Deutschland entwickelt. Der sogenannte Asylkompromiss, das heißt die parteiübergreifend von der „Gemeinsamkeit der Demokraten" getragene völlige Aushöhlung der Asylgesetze, war bislang und ist heute (2018) wieder eine direkte Antwort auf die Untaten des rassistischen Mobs – de facto die Verbrüderung mit ihm, denn die Logik der gesamten Asyl- und Ausländerdebatte und der entsprechenden Gesetzesveränderungen seit Anfang der 90er Jahre lautet ganz eindeutig: Je brutaler die Schlägertrupps gegen Migranten vorgehen und je ausländerfeindlicher die Stimmung an den Stammtischen wird, desto mehr werden die Gesetze verschärft. Nicht etwa die Gesetze gegen Volksverhetzung und rassistische Gewalt- und Mordtaten, sondern die Gesetze gegen Ausländer; immer mit dem Blick auf das diffus rechte, ethno-rassistische Stimmenpotential. Dieselbe sich beständig beschleunigende Entwicklung ist in Deutschland auch derzeit deutlich festzustellen.

Während sich am rechts-außen Rand eine neue Partei „Alternative für Deutschland" (AfD) bildete und sich zuerst in Dresden eine sich rasch immer weiter ausdehnende rechte Bewegung „Patriotische Europäer gegen die Islamisierung des Abendlandes" (PEGIDA) organisierte, der immer wieder ein paar tausend Menschen, überwiegend aus der sozialen Mitte, nachlaufen, bedienen wie gewohnt bayerische Spitzenpolitiker aus der „Christlich-Sozialen-Union" (CSU) mit ihren Forderungen nach immer härteren Aussperrungsmaßnahmen gegen Ausländer und Migranten die rassistischen Stammtische. Und die anderen demokratischen Parteien nehmen diese Vorlagen für entsprechende Gesetzestexte dankend an.

Das absurde Argument, dies sei nötig, um das Schlimmste zu verhindern und die Neonazis gerade aus den Parlamenten herauszuhalten, ist nur der unfreiwillige Beweis dafür, dass die demokratisch-marktwirtschaftlichen Konkurrenzgesellschaften nicht nur überhaupt mit innerer Notwendigkeit Rassismus und Ausländerfeindlichkeit ausbrüten, sondern diese Mordideologien in der Krise auch bis zur parlamentarischen Repräsentanz und schließlich bis an den Rand der Mehrheitsfähigkeit anschwellen lassen. Es ist das beste Argument gegen die gesamte herrschende Ordnung, die doch gerade von den Demokraten als Modell gegen den Rassismus verkauft wird, während sie in Wirklichkeit dessen Mutterschoß ist.

Und natürlich taugt diese seltsame „Verteidigung" gegen den Rassismus, indem man dessen Motive „versteht" und selber beschwichtigend aufgreift, in erster Linie dazu, ihm Spielräume zu eröffnen; sie würde ihn erst satisfaktions- und „salonfähig" machen, wenn er es in Wahrheit nicht sowieso und von Haus aus schon wäre. Klammheimlich ist genau das auch der Zweck der

Übung: den Mob, auch den mittelständischen, an der Leine zu halten, indem man es nicht mit ihm verdirbt, und mittels dieses Mobs ein Krisenventil offen zu halten. Gerade als dieser Text entstand, zog die AfD, nachdem sie bereits in 13 Landtagen sitzt, als drittstärkste Partei nun auch in den deutschen Bundestag ein. Das ist der beredte Ausdruck dessen, dass das Bewusstsein der Menschen auch in Deutschland immer rechtslastiger wird und sich nun demokratisch endlich auch eine entsprechende parlamentarische Repräsentanz schuf. In Österreich ist die FPÖ inzwischen, nachdem sie bereits seit längerem in allen neun Landtagen und vielen Gemeindevertretungen sitzt, mit den Parlamentswahlen 2017 regierungsfähig geworden. Die Demokratie ist, wie bereits schon in der Zwischenkriegszeit, auch nun wieder der Mutterschoß aus dem das kommt. Das System kehrt in der Krise immer zunehmend seinen Gewaltkern nach außen. So werden wir das hier beschriebene tagtäglich weiterhin drastisch vorgeführt bekommen.

Es ist allerdings keineswegs das demoskopische Wahlkalkül allein, das die „Gemeinsamkeit der Demokraten" mit dem Mob und dessen Ausdrucksformen kompatibel macht. Auch ideell und programmatisch gibt es eine gemeinsame Schnittmenge, deren Ursprung im rassistischen Gehalt der Aufklärungsphilosophie liegt, aus der ja alle politischen und ideologischen Richtungen und Denkschulen der Modernisierungs-Geschichte hervorgegangen sind. Sämtliche demokratischen Parteien, auch die sozialistischen und grünen, sind auf vielfältige Weise sowohl mit dem Ideengut als auch mit den politischen Repräsentanzen der Rechten in irgendeiner Weise verwoben und verquickt. Auch in ihrem eigenen Denken soll die „Globalisierung der Anständigen" mit einem angeblich „normalen" Nationalbewusstsein und „patriotischen Interessen" koexistieren, womit sie natürlich nur die zerreißenden Widersprüche der kapitalistischen Globalisierung zukleistern wollen.

Vom rechten Rand her greifen vielfältige Organisationsformen von Rassismus und Antisemitismus, Ethno-Selbstverständnis und religiöser Militanz in die offizielle demokratische Politik und Kultur über. Rein äußerlich politisch geächtet sind nur offene Neonazi-Sekten wie die deutsche NPD, während der halbherzige Boykottversuch der EU gegen die damalige Haider-Mitregierung in Österreich alsbald kläglich zusammengebrochen ist und die medial aufgerüsteten Rechtspopulisten à la Berlusconi überall mit am Tisch saßen und sitzen; schau Dir heute zum Beispiel die Niederlande (PVV), Frankreich (Le Pen), Dänemark (DV), Polen (PiS) oder Ungarn (Fidesz, Jobbik) an. Über die konservativen und christdemokratischen Parteien, bei deren Provinzfürsten und in deren Untergruppierungen alle Schattierungen nationalistischer Idiotie, ethnischen Wahns und autoritären Klerikalismus' blühen, ist das gesamte demokratische Spektrum mit dem rassistischen Rechtspopulismus verzahnt.

Es ist kein Zufall, dass heute die Verzahnung von rechtem Fundamentalismus und offizieller demokratischer Politik in keinem Land so vielfältig ist und so weit geht wie im Flaggschiff von Aufklärung, westlicher Freiheit, Demokratie und Kapitalismus, nämlich in den USA. Die republikanische Partei stützt sich weitgehend auf und ist durchsetzt von denselben Kräften, die sich auch in den rassistischen Milizen oder in den fundamentalistischen protestantischen Sekten sammeln. Der starke Rechtsaußen-Flügel der Republikaner lässt an einschlägigen Kontakten nichts aus, einschließlich des Ku-Klux-Klan und offenem Antisemitismus. Während zum Beispiel die ultrakonservativen US-Regierungen unter Reagan und Bush jeweils Israels Rechte und Hardliner unterstützten und im Polizei- und Kulturkrieg gegen die islamische Welt voll auf die israelischen Ultras setzten, hindert sie nicht im Geringsten, dass sie zuhause an ihrer Basis mit den übelsten antisemitischen Hetzern und „weißen" Rassisten verbandelt sind. Auch hier beweist der rassistische ideologische Wahn, dass er mit in sich widersprüchlichen Bezügen lebt und sich in seinem destruktiven Geschäft nicht stören lässt. Was im Übrigen nur abermals zeigt, wie wenig sich Israel darauf verlassen kann, dass die letzte Weltmacht seine Existenz garantiert.

Die Verzahnung und Verquickung der demokratischen Politik mit Rassismus und Ethno-Nationalismus setzt sich auf der Ebene der Verwaltungs-, Polizei- und Justizapparate fort. In allen westlichen Demokratien gilt das Grundgesetz, dass Rechtsradikalismus im weitesten Sinne mit Samthandschuhen angefasst und in vieler Hinsicht toleriert wird, während sich die volle Härte und Gehässigkeit, der militante Verfolgungswille immer buchstäblich „wie aus der Pistole geschossen" und ohne jede Relativierung stets gegen Linksradikale und militante Antifaschisten richtet. Hinsichtlich der Ausländerhetze hat sich sogar eine Art Arbeitsteilung von Schlägerbanden und Behörden entwickelt: Nicht selten werden die Überfälle geradezu als Grund genannt, den Opfern weiteres Bleiberecht zu entziehen. Und das Verhältnis zu den Anführern und Agitatoren der Ausländerhetze ist in der Praxis bestens, geradezu persönlich, wie ein Aussteiger aus der rechtsextremen Szene in Mittelfranken bestätigte: „Damals, im Kreis Erlangen-Höchstadt, waren wir ganz wunderbar integriert ... mit zahlreichen Bürgermeistern waren wir sogar per Du" (zit. Nach: Woratschka bereits 1999).

Während die demokratische Polizei etwa gegen linke Globalisierungskritiker in Genua mit brutaler Härte bis zu schweren Verletzungen und Schusswaffengebrauch vorging, fallen die Einsätze gegen rassistische Gewalttäter fast immer vergleichsweise lustlos aus. Das zeigte sich in der BRD schon beim Rostocker Pogrom 1992. Damals kam die Polizeigewalt, die vor dem rasenden deutschnationalen Mob zurückgewichen war, erst bei späteren linken Gegendemonstrationen auf Touren: „Nachdem eine Woche zuvor der Polizeiapparat gegen die Meute nicht zum Einsatz gebracht worden war, zeigte er mit der Absperrung einer Autobahn und mit am Horizont kreisenden Hubschraubern nun eindrucksvoll, wozu er im Stande ist, wenn es gilt, gegen Linke vorzugehen" (Bendemann 2002). Ähnlich sah es bei der juristischen Aufarbeitung des Pogroms aus. Bei einem Großteil des Polizei- und Justizapparates entspricht dieses unterschiedliche Vorgehen ganz klar einer positiv rechtsautoritären und selber rassistischen Gesinnung, ebenso wie bei den Verwaltungen und Provinzhonoratioren, für die rassistische Schlägerbanditen in der Regel als „unsere bodenständigen Jungs" firmieren. Und der Teil der Apparate, der sich für neutral hält, weil er rein rechtspositivistisch vorzugehen meint, gibt sich einer Selbsttäuschung hin. Der Rechtspositivismus an sich impliziert schon die strukturelle Affinität zum rechten, rassistisch-ethnonationalistischen Gewaltpotential, insofern die Rechtsform nichts anderes als die formale Einkleidung des kapitalistischen Todestrieb-Subjekts darstellt.

Wenn es den scheinneutralen demokratischen Rechtspositivisten in den Apparaten so vorkommt, dass sie die Rechten keineswegs bevorzugen, dann erliegen sie derselben Täuschung wie (nachgewiesenermaßen) die Lehrerinnen und Lehrer hinsichtlich der Bevorzugung von männlichen Kindern: Selbst wenn sie sich ausdrücklich bemühen, im Unterricht auch Mädchen zu fördern, bleibt die strukturell im System, auch im Schulsystem, angelegte männliche Dominanz erhalten und werden de facto die Mädchen weniger von der Lehrperson beachtet, wie Tests eindeutig ergeben haben. Nicht anders ergeht es den vermeintlich „rein sachlichen" Beamten, Richtern und Staatsanwälten hinsichtlich des notorischen Zögerns und der Milderung gegenüber Rechtsradikalen, vor allem Jugendlichen.

Der Tatbestand der Jugendlichkeit als Verharmlosungsgrund („dumme Jungenstreiche") gehört zu den beliebtesten demokratischen Vorwänden, gegen die rassistisch-rechtsradikale Szene jegliche Härte vermissen zu lassen. Selbst über notorische Gewalttäter und Totschläger wird von Behörden und Medien in einer Sprache berichtet, als handle es sich um Kinder, die ein wenig über die Stränge geschlagen haben. Überfälle rechter Schläger auf linke Jugendliche werden regelmäßig so dargestellt, als hätte es bedauerliche Auseinandersetzungen „unter Extremisten" gegeben, wobei im Zweifelsfall eher gegen die Linken ermittelt wird. Die Faustregel für das Vorgehen gegen linksradikale Jugendliche lautet: Stigmatisierung, Relegation, Ausgrenzung; die Faustregel für die Behandlung rechtsradikaler Jugendlicher dagegen: allgemeine Sorge, sie nicht auszugrenzen, verbesserte Freizeitangebote usw.

Zu den Vordenkern dieser integrationistischen Milde gehören an vorderster Stelle Politiker und Pädagogen der staatstragenden „realistischen" demokratischen Linken, der marktwirtschaftlich „gewendeten" Sozialisten, der Sozialdemokraten und Grünen. Während militantes Vorgehen linksradikaler Jugendlicher, welcher Art auch immer, nur schroffste Distanzierung hervorruft, finden sich etwa in der Partei „die LINKE", der zu großen Teilen „in der Demokratie angekommenen" ehemaligen Staatspartei der DDR, hinsichtlich der rassistischen ostdeutschen Killerkids nicht wenige verständnisvolle nationale Linkspopulisten, die sich mit den Schlägern an einen Tisch setzen, sie „ernst nehmen" und ihre nationalpädagogische Ader entdecken (vielleicht auch die verwandten braunen Flecken in der eigenen Seele).

Und es war natürlich ein linksdemokratischer Akademiker der rotgrünen Reformuniversität Bremen, der Sozialpädagogik-Professor Franz Josef Krafeld, der bereits Ende der 80er Jahre speziell für den Umgang mit rechtsradikalen, rassistischen Jugendlichen das Stichwort von der „akzeptierenden Jugendarbeit" erfand – gerade rechtzeitig und wie bestellt für die beginnende Ära des geschmeidigen staatlichen Zurückweichens vor dem rassistischen Mob. Solche verständnisinnigen Gedanken, die weltanschaulich und militant delinquenten Jugendlichen „dort abzuholen, wo sie stehen", waren den linksdemokratischen Sozialpädagogen nicht im Traum gekommen, als der Staat mit gnadenloser Härte gegen noch so junge RAF-Sympathisanten vorgegangen war. Mit vollem Recht machten nach bittersten Erfahrungen 1998 norddeutsche Antifa-Gruppen gegen die objektive Komplizenschaft dieses „pädagogischen Konzepts" Front: „Durch die akzeptierende Jugendarbeit erleben die Rechten, dass sie nicht trotz, sondern wegen ihrer Auffassungen ernst genommen und gefördert werden. Man entwirft sogar eigene Konzepte für sie, die ausdrücklich ihre Auffassungen akzeptieren und würdigen, indem sie zum Anlass genommen werden, ihnen Räume, SozialarbeiterInnen, Gelder etc. zur Verfügung zu stellen" (zit. Nach: Simon 2000).

Das Bild ist insgesamt so eindeutig, dass die Affinität der Demokraten zum rassistischen Mob nicht bloß einem taktischen oder nützlichkeitsdenkenden äußeren Kalkül entspringen kann, als wäre ihnen selber diese Regung im innersten fremd und sie würden sie nur als unvermeidliches Faktum der gesellschaftlichen Realität irgendwie hinnehmen und instrumentell damit umgehen. Gerade die letzte Bereitschaft, das rassistische Pogrom als „kleineres Übel" im Vergleich zur ernsthaften sozialen Revolte gegen die kapitalistischen Institutionen eher mit Nachsicht zu behandeln, verweist auf den rassistischen Gehalt der demokratischen Subjektivität überhaupt, wie er als Moment des bürgerlichen Todestriebs bis hin zur Welt- und Selbstvernichtung in der totalitären Form der Konkurrenzgesellschaft lauert. Nicht umsonst verfiel schon der aufklärerische Geistes-Heros Kant in den Zungenschlag des Mobs, wenn er sich über die „Negers" und deren Untermenschentum zu verbreiten geruhte.

Von der sozialen Mitte, den demokratischen Leistungseliten und ihrer aufgeklärten Anständigkeit gilt eben grundsätzlich, was Robert Musil beiläufig in seinem „Mann ohne Eigenschaften" feststellte: „Abgesehen von ihrem sehr entwickelten Familiensinn, ist die innere Vernunft ihres Lebens die des Geldes, und das ist eine Vernunft mit sehr gesunden Zähnen und schlichtem Magen." Das gilt modifiziert auch in Zeiten der Individualisierung und der Postmoderne. Aufklärung und Humanitätsideale sind nichts als die ideologische Form des kapitalistischen Fress- und Verdauungsprozesses samt der Sorge um die eigene Brut. Wenn aber die Logik des Geldes als „innere Vernunft" der Demokratie abzustürzen droht, wenn der bürgerliche Darm sich entzündet, dann verliert das auf seinen Geld-Darm reduzierte Aufklärungssubjekt die sorgfältig gepflegte Contenance und die „gesunden Zähne" enthüllen sich als die Reißzähne eines blutdürstigen, wahnsinnigen Monstrums. Dann erweist sich, dass die bürgerlichen „Anständigen", die alte wie die neue „Mitte", die Metzgermeister und Studienräte, die New-Economy-Pseudo-Bohemiens und Ich-AGs selber der eigentliche Mob sind, die stinkende demokratische Gosse, von der in Wahrheit alle Brutalität ausgeht. Viehischer als ein aufgeklärtes, an westlichen Werten geschultes, Recht und Ordnung liebendes, wohltemperiertes, moralisch aufgerüstetes, auf Selbstverwertung getrimmtes, in Selbstdarstellung geübtes mittelständisches Interessen-Subjekt kann kein mordgieriger besoffener Skinhead sein.

Es ist sicher aller Ehren wert, dass gegen die Duftspur des medialen und politischen Mainstreams, dessen Zweideutigkeit im Verhältnis zum rassistischen Mob die wahre Natur des bürgerlichen

Subjekts ahnen lässt, immer wieder einzelne Journalisten den Zusammenhängen der „Ausländerfeindlichkeit" nachgehen und ungeschminkt über das Zusammenspiel von Behörden, Politik und Gewalttätern berichten; ebenso wie zahlreiche soziologische und sozialpsychologische Untersuchungen den „Extremismus der Mitte" herausgearbeitet haben. Die liberale Presse gibt diesen Stimmen Raum, aber unbedingte Voraussetzung ist, dass die kapitalistische Ontologie unangetastet bleibt. Gerade dadurch wird aber die Kritik entwertet. Eine bloße Summe von „betroffen" und anklagend beschriebenen Phänomenen ergibt noch keinen Begriff der Kritik. Solange die Kritiker nicht ihrerseits den Bruch mit der „Gemeinsamkeit der Demokraten" vollziehen und „Demokratie und Marktwirtschaft", den Systemzusammenhang der Konkurrenzsubjekte, als den Mutterschoß von Rassismus und Ausgrenzungs-Imperialismus benennen, bleibt ihre Kritik, die sich an eben dieser „Gemeinsamkeit der Demokraten" festklammert, zur Harmlosigkeit und Wirkungslosigkeit verurteilt: 6!, setzen!, Thema verfehlt!

Das gilt auch für jenen linken Antirassismus, der sich im praktischen Kampf gegen den Mob und seine Unterstützer große Verdienste erworben hat. Zwar setzen sich die Praktiker und Militanten der antirassistischen Bewegungen von der „Gemeinsamkeit der Demokraten" im Sinne des offiziellen Verständnisses ab, aber sie legitimieren sich meist mit einer seichten und unreflektierten Antifa-Ideologie, in der die ganze unaufgearbeitete Geschichte des Arbeiterbewegungs-Marxismus und seiner Befangenheit in der kapitalistischen Formhülle mitgeschleppt wird. So werden auch im antirassistischen Kampf nur die unüberwundenen bürgerlichen Kategorien angerufen, die ja gerade im Rassismus und Antisemitismus bis zur Kenntlichkeit Gestalt annehmen. Es ist dasselbe Problem wie beim Zusammenhang von Menschenrechts-Ideologie und Weltordnungskriegen außerhalb des kapitalistischen Zentrums: solange sich die Kritik der kapitalistischen Definitionsmacht unterwirft, indem sie das Verhältnis von Rassismus und Demokratie nicht durchschaut, sondern nur das demokratische Ideal gegen die demokratische Wirklichkeit ins Feld führt, zieht sie auch gegen den Rassismus unter der Fahne des Feindes ins Feld und wird deshalb regelmäßig geschlagen.

Heute sind in allen Teilen Deutschlands das Anzünden von „ausländischen" Menschen, Wohnungen und Geschäften, Anschlägen auf Unterkünfte von Asylbewerbern und das Hetzen von „Farbigen" durch die Straßen zu einer Art Wochenendsport für frustrierte Jugendliche geworden. Seit den exemplarischen Mordtaten und Brandstiftungen Anfang der 90er Jahre, die nicht zufällig mit der deutschen Vereinigung zusammenfielen, verging kaum ein Tag mehr, an dem nicht neue Vorfälle und Exzesse aus deutschen Regionen gemeldet werden. Immer wieder sind es Brandanschläge auf Einrichtungen und Wohnungen „ausländischer" Bürger; immer wieder werden „Farbige", Türken und andere „Fremde" geschlagen und schwer verletzt in Flüsse und Seen geworfen; und immer wieder werden dabei Menschen ermordet, mit Messern durchbohrt oder mit blanken Fäusten totgeschlagen.

USA: Rassistische Basisidentität und Intergetto-Bürgerkrieg

Etwas anders als in der EU und in Deutschland verlaufen die rassistischen Feindbestimmungen der gewaltsam verlängerten Konkurrenz in den USA. Bei der letzten Weltmacht handelt es sich weder um einen „Vielvölkerstaat" mit einem „ethnisch" konstruierten „Herrenvolk" als Kern nach dem Muster Russlands noch um eine homogenisierte Nation im Verhältnis zu äußeren Migranten wie in West- und Mitteleuropa, sondern um einen selber aus einer Vielzahl von Migrantenströmen aus aller Welt hervorgegangenen kontinentalen Großstaat ohne vorkapitalistische Vergangenheit, auch wenn die Gründungslegende der „Pilgerväter" diejenige von „weißen" angelsächsischen Protestanten („Wasps") ist. Trotz dieses unverkennbar „weißen", rassistisch aufgeladenen, auf die westlich-kapitalistische Basisideologie fixierten Kerns der US-amerikanischen Geschichte und Identität galten die USA stets als die gesellschaftliche Inkarnation der Aufklärungsideale, als Bollwerk der Freiheit und als Beispiel für das friedliche Zusammenleben von Menschen unterschiedlicher Herkunft unter dem gemeinsamen Sternenbanner. Darüber hinaus galt es als ausgemacht, dass die USA letzten Endes ein „Schmelztiegel" (Melting Pot) der konstruierten „Rassen", „Ethnien", religiösen und kulturellen Identitäten seien, eine kapitalistische „Über-Nation", in der sich alle Herkunfts- und Geschichts-Identitäten zu einer einzigen geschichtslosen Hyper-Identität kapitalistischer Logik und „Freiheit" verschmelzen.

Einerseits war dieses ideologische Konstrukt in seiner positiven Formulierung natürlich von Anfang an durch und durch verlogen. Geschichte und Aufstieg der USA basieren nicht nur auf der fast kompletten Ausrottung der Ureinwohner und „schwarzer" Sklavenarbeit, sondern der „weiße" Rassismus gegen die „schwarze" Minderheitspopulation war immer konstitutiv für die US-Identität und ist es trotz formaljuristischer Emanzipation bis heute geblieben. Die „schwarze" Bürgerrechtsbewegung der 60er Jahre und ihre Nachfolge-Bewegungen waren und sind eher ein Indiz für das ungebrochene Fortwuchern eines informellen Rassismus gegen die „Schwarzen" als für eine gelungene Emanzipation innerhalb der Grenzen des kapitalistischen Systems; ebenso wie übrigens die Tatsache, dass von der Millionenmasse Strafgefangener in den

USA (allein schon ein Hinweis auf den Ausschließungs- und Terrorcharakter des Systems) und besonders von den zum Tode Verurteilten die große Mehrzahl „Schwarze" sind. Und es sind nahezu ausschließlich „Schwarze", die von „weißen" Polizisten fast im Wochentakt auf offener Straße, unter fadenscheinigen Begründungen erschossen werden. Bestraft werden die Mörder-Polizisten kaum, was auch die Justiz als rassistische kenntlich macht.

Allerdings widersprechen diese Tatsachen ja gar nicht den Begriffen von westlicher Aufklärung, Freiheit usw., sobald man diese dechiffriert und sie ihrer positiven, heuchlerischen Formulierung entkleidet hat. Die westliche Freiheit samt ihren falschen „Menschenrechten" ist in Wahrheit ein System der Selektion und Ausschließung, der Degradation des Menschen zum Selbst-Exekutor der fetischistischen Verwertungsbewegung des Kapitals und der Enthumanisierung derer, die aus dieser Bewegung herausfallen und zur nicht mehr „anerkennungsfähigen" Biomasse gemacht werden. Insofern, und in der Zuspitzung zum Todestrieb des Wertsubjekts, konvergieren die deutsche Nazi-Identität und die US-Identität trotz historisch unterschiedlicher Erscheinungsformen in den entscheidenden Punkten der zugrunde liegenden gemeinsamen Basisform der Moderne (an der ideologischen Oberfläche kenntlich in der Nazismus und Liberalismus gemeinsamen Schnittmenge des Sozialdarwinismus, im totalen Herrschaftsanspruch über den Planeten und im manifest werden des Todestriebs durch individuellen wie kollektiven Amoklauf).

Die Unterschiede liegen bis jetzt teils in der historischen Konstitution und im damit verbundenen Gewicht und der Intensität des (beiderseits vorhandenen) Antisemitismus, der sich allein in Deutschland zur Singularität Auschwitz steigerte; teils aber auch in der unterschiedlichen Akzentsetzung des System-Terrors einerseits in einer „politischen" (der europäischen Durchsetzungsgeschichte des Kapitals entsprechenden) deutschen Form und einer „ökonomischen" (der zur Krisenreife vollendeten Planetarisierung des Kapitals nach 1945 entsprechenden) US-Form. Dabei handelt es sich jedoch nur um einen Polsprung innerhalb des identischen politisch-ökonomischen Fetischsystems.

Da Kapitalismus, Demokratie, „Freiheit" und „Menschenrechte" auf Konkurrenz, Selektion und Ausgrenzung basieren, ist es nur logisch, dass die rassistische Verlängerung dieser Mechanismen im Kernland des Kapitals ewiges Heimatrecht hat und der Rassismus gegen die „Schwarzen" nicht nur zur historischen, sondern auch zur logischen und damit immer aktuellen Konstitution der USA gehört. Die immer wieder praktizierte Erschießung sogenannter Schwarzer auf offener Straße durch die Polizei bestätigt das nur deutlich. Und diese Logik ist nicht weniger wirksam, als wenn sie ausdrücklich in der ach so vorbildlichen Verfassung der USA stünde; und sie steht dort nur deshalb nicht, weil sie nichts anderes als die unvermeidliche Kehrseite dieser Verfassung (und jeder kapitalistischen Konstitution überhaupt) ist.

Die Theorie vom „Melting Pot" war also immer nur Ideologie; und soweit sich diese Ideologie zu „verwirklichen" schien, bezog sich das erstens nie substantiell auf die „Schwarzen" und zweitens nur auf die Prosperitäts-Phase des Zweiten Weltkriegs und der folgenden drei Jahrzehnte. Inzwischen hat aber die Weltkrise von Dritter industrieller Revolution und Globalisierung längst auch die USA, das „Zentrum des Zentrums", sozial mit voller Gewalt ergriffen. Diese Tatsache wurde zwar in den 80er und vor allem in den 90er Jahren ökonomisch durch den Finanzblasen-Kapitalismus der angeblichen „New Economy" verschleiert, dessen Kern von Anfang an die Finanzmärkte der letzten Weltmacht bildeten. Als der aus dem „fiktiven Kapital" des abgehobenen Finanzkapitals gespeiste Magnet der Waren- und Geldkapital-Ströme der Welt finanzierten die USA Investitionen und Konsum bereits in den 90er Jahren aus den Finanzblasen ohne „realökonomische" Grundlage und konnten damit eine glänzende Weltmacht-Fassade aufrechterhalten. Aber dahinter gähnt längst ein sozialer Abgrund (wie wir spätestens seit der Welt-Finanzkrise seit 2007/08 an allen Ecken und Enden sehen), eine tiefe und unheilbare Spaltung der Bevölkerung in Gewinner und Verlierer wie sonst nirgendwo in der westlichen Welt, mit Ausnahme vielleicht des konstitutions-geschichtlich verwandten Großbritannien. Und das müssen die Menschen natürlich subjektiv und im Diskurs miteinander ideologisch verarbeiten.

So konnte es nicht ausbleiben, dass sich die hinter der Weltmacht-Fassade zugespitzte und mit brutalen Restriktionen beantwortete soziale Krise in einer ethno-rassistischen Abgrenzungs- und Ausgrenzungstendenz darstellen musste; im Grundsatz nicht anders als in der übrigen Welt. Hinter dem postmodernen Multikulturalismus der Beliebigkeits-Kultur lauert auch und gerade in den USA ein rassistischer Terror „von unten", der allerdings unter nun veränderten Umständen auch eine andere Form annimmt als in der Vergangenheit. Natürlich sind in den USA wie in der übrigen westlichen Welt die restriktive Behandlung von Flüchtlingen und Migranten, der Bau des Limes an der Südgrenze und die Übergriffe des demokratischen Straßenmobs an der Tagesordnung. Dass Einwanderer zumindest der ersten Generationen als Freiwild, als „Untermenschen", Arbeitsvieh und Vertragssklaven minderen Rechts behandelt werden, gehört im Übrigen zur tief eingewurzelten Tradition des Mutterlands von „Freiheit" und Demokratie.

Aber gemessen an der Bevölkerungsmasse und der neuen Dimension der Krise taugen die Migranten und Flüchtlinge in den USA nicht zur generellen Feinddefinition für die „Fortsetzung der Konkurrenz mit anderen Mitteln", zumal sich im Unterschied zur EU die „Fremdstämmigkeit" der „Ausländer" nicht so leicht irgendwie äußerlich kenntlich machen lässt. Aufgrund ihrer Geschichte als reines Einwanderungsland haben sich in den USA derart viele Phänotypen aus aller Herren Länder abgelagert, dass eine generelle Abgrenzung von „innen" und „außen" nach wie auch immer konstruierten Merkmalen schwierig ist. Es fehlt die „nationale" (natürlich ihrerseits historisch konstruierte) Homogenität von Italienern, Franzosen, Deutschen usw. Andererseits ist auch das Konstrukt einer zahlenmäßig, kulturell oder religiös dominierenden „Herren-Ethnie" im Unterschied etwa zu Russland schlecht möglich. Zwar bildet die Identität der „Wasps" einen solchen Ansatz, aber dieser dementiert sich schon allein numerisch. Ganz abgesehen davon, dass die katholischen „weißen" Einwanderer vor allem aus Irland (dazu gehört z.B. der Kennedy-Clan) und aus Italien nicht deckungsgleich mit der Wasp-Identität sind, hat sich durch die jüngsten Einwanderungswellen das Gewicht noch viel grundsätzlicher verschoben; die Anteile der „weißen" Bevölkerungsgruppen werden prozentual immer geringer.

Diese Entwicklung geht mit einer anderen einher: Immer weniger gilt das ohnehin zweifelhafte Gesetz des „Melting Pot"; die verschiedenen Sprach-, Ethno- und Religionsgruppen in den USA gettoisieren sich in demselben Maß, wie die soziale Krise um sich greift. Wie auch anderswo bildet die Ethnisierung des Sozialen die Kehrseite der Individualisierung. Unter permanent verschärften Konkurrenzbedingungen auf allen Ebenen entwickelt sich spontan die Tendenz, vor allem unter den neuen Einwanderern aus Asien und Lateinamerika, im Überlebenskampf nicht nur auf mitgebrachte Familien- und Clan-Strukturen zurückzugreifen, sondern sich auch in ethnischen Gettos zu organisieren. Auch diese Erscheinung ist im Prinzip trotz der Ideologie vom „Melting Pot" nichts grundsätzlich Neues, man denke nur an die „China-Towns" in großen US-Städten; aber diese Tendenz verfestigt sich unter den neuen Krisenbedingungen. Statt eines Schmelztiegels und einer Meta-Nation bilden die USA heute eher einen Flickenteppich von Kiez- und Clanstrukturen, von Landsmannschaften, ethnischen und religiösen Gettos, Sekten usw., deren einziges gemeinsame Dach der absolute kapitalistische Realökonomismus und sein Selbstzweck-Medium in Gestalt des Dollars ist.

Tradierte (im Sinne einer Weitergabe des Althergebrachten), reformulierte und neu gebildete synthetische Identitätsbildungen gehen dabei ineinander über; und die universelle Konkurrenz wird nicht nur zwischen den Individuen, sondern auch zwischen den Identitäten ausgetragen. Gerade in den USA hat die postmoderne Ideologie des Multikulturalismus den Boden bereitet für gegeneinander abgeschottete Getto-Identitäten, was sich nur in Prosperitätszeiten (sprachlich) als tolerante „political correctness" darbieten konnte, aber in der Krise als Muster wechselseitiger Hass-, Feind- und Ausgrenzungsbestimmungen zu entpuppen droht. Allein mit Schusswaffen werden jährlich nahezu 12.000 Menschen in diesem Land ermordet. Derselbe Bruch in dieser Ideologie, der den peripheren Zusammenbruchs-Regionen und den Verlierern gegenüber als kulturalistische Negativbewertung erscheint, macht sich in den USA selbst als allgemeine Gettoisierung und Ethnisierung der Konkurrenz bemerkbar. Auch in dieser Hinsicht zeigt sich, dass die oberflächlichen Maskenball-Theoreme der Postmoderne zu kurz griffen, weil sie nicht bis zur Kritik der gesellschaftlichen Basisformen durchzustoßen vermochten.

Es ist leicht auszurechnen, was passieren muss, wenn die Weltkrise der kapitalistischen Reproduktion mit voller Wucht die USA erreicht und die „Fortsetzung der Konkurrenz mit anderen Mitteln" dort nicht als Pogrom einer barbarisierten „Mehrheitskultur" gegen Minderheiten ablaufen kann. Schon bei den sogenannten „Rassenunruhen" Anfang der 90er Jahre in Los Angeles war ansatzweise ein Krieg „jeder gegen jeden" zu sehen: Nicht nur „Weiße" gegen „Schwarze", sondern auch „Schwarze" gegen Juden und Asiaten, Latinos gegen „Schwarze", „Weiße" gegen Latinos und Asiaten usw. Geplündert wurden dann im Mai 1992, wenige Monate vor dem deutschen Pogrom in Rostock-Lichtenhagen, vor allem die Läden von Koreanern.

Lag die Bürgerrechtsbewegung eines Martin Luther King (ähnlich wie die Bewegung von Nelson Mandela gegen die Apartheid in Südafrika) noch auf der Linie der alten bürgerlich-aufklärerischen Emanzipations-Ideologie, wie schon der Begriff der „Bürgerrechte" zeigte, so ist dieses Auslaufmodell auch in den USA längst durch ein verwildertes Barbarisierungs-Modell der Konkurrenz ersetzt worden, das den Gewaltkern und die Ausgrenzungslogik des „bürgerlichen Rechts" selber zum Vorschein bringt. Einen Übergang bildeten zum Beispiel die „Black Muslims", das synthetische Konstrukt einer „Muslimisierung" von Bewegungen der „Schwarzen", das nicht umsonst in klassischen Antisemitismus umgeschlagen ist. Diese Tendenz machte sich schon seit den 80er Jahren bis in die „schwarze" akademische Intelligentsia hinein bemerkbar: „... Aufsehen erregte Leonard Jeffris, ein schwarzer Professor am New Yorker City College. Mit antisemitischen Ausfällen und seiner These, die weißen ice people seien den schwarzen sun people aufgrund des niedrigeren Melanin-Gehalts ihrer Haut moralisch unterlegen, brachte er sich an den Rand eines Disziplinarverfahrens" (Uthmann 1991).

Der alte „weiße" Rassismus gegen „Schwarze" und der „schwarze" Gegenrassismus treffen sich also in einem gemeinsamen Antisemitismus, was die Struktur des rassistischen Konkurrenzkriegs aller gegen alle (und des Antisemitismus als Dachideologie der Krise) umso deutlicher macht. Am besten organisiert ist zweifellos immer noch der „weiße" Rassismus in den USA: Heute existieren in diesem Spektrum rund 500 miteinander verzahnte sogenannte hate groups, vom traditionellen Ku Klux Klan des Südens bis zur extrem antisemitischen „World Church of the Creator". Ein Teil der US-Amokläufer kommt aus diesem Milieu und wird von rassistischen Motiven getrieben.

Heute (2018) macht die trübe Melange aus rassistischen hate groups, fundamentalistischen protestantischen Sekten und organisierten Waffenbesitzern immer stärker mobil; inzwischen haben sich zahlreiche „weiße" Milizen gebildet, allein in Kalifornien operieren über 35 derartige bewaffnete Kampforganisationen.

Wie in der Vergangenheit der nationalimperialen Ausdehnungsmächte macht sich in diesem Zusammenhang mehr oder weniger diffus ein gemeinsames chauvinistisches Konkurrenz- und Herrschaftsinteresse von Lohnarbeitern und Sozialhilfeempfängern, Konzern-Management und politischer Klasse des Westens gegen die Massen des globalen Ostens und Südens geltend, das jedoch unter den neuen Bedingungen nicht mehr auf Einverleibung, sondern auf Ausgrenzung zielt.

Dieser mörderische Abwehrcharakter ist bis in den ideologischen und kulturellen Diskurs hinein unverkennbar: Selbst bei den ordinärsten Rechtsradikalen und Neonazis ist schon längst keine Rede mehr vom „Lebensraum im Osten", von „nationalen Einflusszonen", kolonialen oder quasi-kolonialen Annexionen etc. Diese einst wirkmächtigen Imaginationen einer expansionistischen nationalen Selbstbehauptung haben sich geradezu ins Gegenteil einer Abschottungs- und Ausgrenzungsideologie verkehrt, etwa in Parolen wie „Deutschland den Deutschen", „Österreich den Österreichern", „Frankreich den Franzosen" usw. oder „Deutschland zuerst" („Österreich, Frankreich usw. zuerst").

In der Abschottung gegen die Fluchtströme und Elendswanderungen sind diese Parolen zur allgemeinen westlichen Staatsdoktrin und zum Konsens innerhalb der NATO geworden, wenn auch weniger in einem eng nationalistischen als vielmehr in einem großräumigen, auf das kapitalistische Zentrum als Ganzes bezogenen Sinne. Diese Entwicklung reflektiert sich in der gängig gewordenen Redeweise von der „Festung Europa" und der „Festung Nordamerika". Denn in der Tat haben diese beiden Teile des Zentrums in den vergangenen über drei Jahrzehnten damit begonnen, jeweils eine Art chinesische Mauer oder Limes zu errichten.

In den USA wird diese „eiserne Linie" an der mexikanischen Grenze gegenüber dem lateinamerikanischen Raum gezogen. Obwohl Mexiko und die USA mit Kanada offiziell zu einer Freihandelszone (NAFTA) zusammengeschlossen sind, gilt dies seitens der USA keineswegs für einen „Freihandel der Arbeitskraft". Im Unterschied zum Handelsraum der EU, der die Freizügigkeit der Arbeitskraft einschließt und als deckungsgleich mit dem Verhältnis von Inklusion und Exklusion definiert ist, verläuft dieses Verhältnis an der Südgrenze der USA mitten durch die offizielle Wirtschaftsunion selbst. Es besteht nur ein Interesse an „Schraubenzieher-Fabriken" für eine billige Lohnveredelung in den mexikanischen Grenzgebieten (maquiladoras), während die Massenmigration nach Kalifornien mit allen Mitteln abgewehrt wird. Deshalb reagieren die politischen Klassen der USA und Kanadas auch kühl bis gereizt auf alle mexikanischen Vorstöße, die NAFTA zu einer einheitlichen Wirtschaftsunion nach dem Vorbild der EU zu erweitern.

Und die Mittel der Ausgrenzung sind drastisch. Jede Nacht veranstaltet die US-Grenzpolizei mit Scheinwerfern, Sensoren und Hunden regelrechte Menschenjagden auf die „Unwillkommenen". Buchstäblich nach dem Muster jener historischen Grenzmauern, mit denen sich nicht nur antike Imperien gegen Eindringlinge abzuschotten versuchten, werden die Grenzbefestigungen der USA gegenüber Mexiko immer stärker ausgebaut. Allein bereits im Jahr 2000 wurde von den mit Kosten von mehr als 3 Milliarden Dollar zusätzlich aufgerüsteten US-Grenztruppen fast eine halbe Million sogenannter illegaler Grenzgänger festgenommen. Jedes Jahr werden durchschnittlich etwa 1000 dieser Mexikaner und weitere Lateinamerikaner auf der US- Seite erschossen bzw. kommen durch Hitzeschläge, Unterkühlung oder schwerer Misshandlung ums Leben. Dabei tritt neben die offizielle Grausamkeit der Grenztruppen die inoffizielle Selbstjustiz der US-Grenzfarmer, die sich zu einem rassistischen „Bund besorgter Bürger" zusammengeschlossen haben und schwer bewaffnet eigenmächtige Treibjagden auf das südliche Menschenwild veranstalten: „... ‚Dies Gesindel hat weder auf meinem Grund und Boden noch in den USA etwas verloren', dröhnt Robert Barnett, 57. Der Rinderzüchter ... warnt unmissverständlich: ‚Ich bin entschlossen, auch Leben zu nehmen'. Auch David Stoddart hat aufgerüstet. Der pensionierte Polizist hält auf seinem Grundstück zwei Kampfhunde und besitzt ein halbes Dutzend Gewehre. ‚Mein Haus ist meine Burg', meint Stoddart, ‚wer hier eindringen will, ist ein Todeskandidat' ..." (Der Spiegel 7/2001). Jetzt (2018) fordert der US-Präsident vom Kongress über 18 Mrd. $ zum weiteren Ausbau der US- Grenze zu Mexiko.

Soviel zur demokratischen Freizügigkeit des liberalen Westens und seiner Vormacht. Aber all das muss von den Individuen gedanklich verarbeitet werden. Das geschieht im Diskurs mit anderen Individuen und Institutionen als eine Eigenleistung des individuellen Verstandes. Und in dieser diskursiven ideologischen Reflexion, also in der Bewusstseinsbildung innerhalb der sich vor unseren Augen vollziehenden kapitalistischen Endkrise, entstehen weit verbreitet

Synthetische Identitäten und Neo-Rechtsradikalismus.

Das mörderische Konstrukt der „Rasse"[5], ein tief in der Aufklärungsphilosophie verwurzeltes und in zwei Jahrhunderten immer wieder von naturwissenschaftlich-biologistischer Scharlatanerie aufbereitetes Phantasma der Konkurrenzgesellschaft, verschmilzt in der Weltkrise mit ethno-kulturalistischen und pseudo-religiösen Konstrukten; in der Projektion auf die migrantischen Populationen wird dieses Konglomerat des Wahns zum zentralen Agens des Ausgrenzungshasses „von unten", wie er in den Mehrheitsbevölkerungen des europäischen Zentrums gärt, und zum Agens des Intergetto-Bürgerkriegs, wie er in den USA schwelt.

Die Gegenprojektionen, Gegenrassismen und aggressiven Identitätsbildungen bei den Migranten und in den „farbigen" oder religiösen Gettos lassen nicht auf sich warten, unter Einschluss der bewaffneten Formierung. Vor allem Jugendliche, die als massenhaftes Strandgut der kapitalistischen Globalisierung keine Sprache mehr richtig sprechen und schreiben können, weder die alte noch die neue, und die sich nirgendwo mehr zugehörig fühlen können, neigen zu militanten synthetischen Identitätsbildungen,

---

[5] Schau Dir hierzu von George Kaufmann an: So verhunzen wir unsere Sprache (2017).

die sich allerdings durch ihre völlige Perspektivlosigkeit selbst dementieren und in jene „reductio ad insanitatem" münden, also in die blinde Selbstzerstörung, die Enzensberger so deutlich und doch verständnislos (weil an der bürgerlich-aufklärerischen Identität der Moderne festhaltend) beschrieben hat.

Nicht nur in den arabisch-muslimischen Ländern oder bei den „Schwarzen" in den USA greift dabei der alte westlich-„weiße" Antisemitismus als adaptierte Hassideologie um sich, sondern auch in den französischen Banlieus bei den jungen maghrebinischen Migranten: „Über 100 Angriffe auf Einrichtungen der jüdischen Bevölkerungsgruppe und auf Kulturstätten der jüdischen Religion haben seit Anfang Oktober in Frankreich stattgefunden. Dazu zählt der Brandanschlag auf die Synagoge von Trappes – einer westlich von Paris gelegenen Vorstadt – die dabei ausbrannte... In der Lyoner Vorstadt Venissieux wurde versucht, die Mauer der Synagoge mit einem so genannten „Rammbock-Auto" einzureißen – eine in den Trabantenstädten beliebte Methode: Mit einem gestohlenen Wagen wird die Fassade eines Gebäudes durchbrochen, das geplündert werden soll... Für viele der aus der arabischen und nordafrikanischen Immigration stammenden Jugendlichen ist der Nahost-Konflikt zur Projektionsfläche für ihre Frustrationen und Aggressionen geworden, die es ihnen vermeintlich erlaubt, in der Situation der Palästinenser ein Spiegelbild ihres eigenen Schicksals zu sehen... Islam, das bedeutet für viele in erster Linie Antisemitismus..." (Schmid bereits 2000).

Nicht nur diese Art der Krisenverarbeitung und negativen Identitätsbildung zeigt an, dass die Opfer, die Ausgegrenzten und Erniedrigten keineswegs die besseren Menschen sind und auch nicht im Geringsten emanzipatorisch reagieren „müssen". Wie die Migration an sich kein kritischer Akt ist, sondern ein Akt der

Konkurrenz und des Überlebenskampfes in der nicht mehr tragfähigen und dennoch nicht abgestreiften kapitalistischen Subjekthülle, so gilt dies erst recht für die synthetischen Identitätsbildungen und militanten Reaktionen auf die Erfahrung, ausgegrenzt zu werden. Wie bei den „Schwarzen" in den USA verblasst die in der bürgerlich-aufklärerischen Form nicht mehr formulierbare Idee der sozialen Emanzipation, solange die emanzipatorische Kritik an der westlichen Moderne und ihrem totalitären warenproduzierenden System nicht ausreichend geleistet und so weit verbreitet ist, dass die globale soziale Frage neu und radikaler als durch den untergegangenen Arbeiterbewegungs-Marxismus reformuliert werden kann.

So erscheint die Erfahrung von Krise, Elend und Perspektivlosigkeit bei den Migranten und „Illegalen" ebenso wie bei den westlich-„weißen" Arbeitslosen und Sozialhilfeempfängern überhaupt nicht mehr in einer sozialen, sondern in einer ethnischen und rassistischen Form. An die Stelle des emanzipatorischen sozialen Pathos treten dumpfe kulturalistische und asoziale Rassismen und Gegenrassismen als Verwilderungs- und Barbarisierungs-Formen der Konkurrenz, ganz wie in den Krisen- und Zusammenbruchs-Zonen der Peripherie, wenn auch noch nicht in derselben Dimension von unmittelbarer gesellschaftlicher Massengewalt. Statt sich zu vereinigen, was eine universelle Befreiungsidee jenseits der Konkurrenz und damit der kapitalistischen Subjektform erfordern würde, grenzen sich die migrantischen Opfer und Verlierer auch gegenseitig ethno-rassistisch aus. Noch in den demokratischen Internierungslagern fallen die verfeindeten „Stämme", „Ethnien" oder sonstigen Gruppierungen mit Fäusten und Messern übereinander her.

Gegenwehr gegen Übergriffe legitimiert sich selber zunehmend nationalistisch, ethno-identitär und religionsfanatisch, also mit denselben barbarischen Gedanken und Handlungen wie die der Peiniger der anderen Seite. Selbst die jüdische Gegenwehr in Frankreich gegen den Neo-Antisemitismus der jungen maghrebinischen Migranten ist zunehmend selber ethno-nationalistisch und rassistisch statt emanzipatorisch und gesellschaftskritisch aufgeladen.

Der neue Rechtsradikalismus darf in seinen Verlaufsformen aber nicht mit dem der Zwischenkriegszeit verwechselt werden; vor allem insofern er heute nicht nach außen, sondern nach innen gerichtet ist, weniger politisch als vielmehr postpolitisch und postmodern, nicht als einheitliche Bewegung formiert, sondern in einem widersprüchlichen Netzwerk von Banden, Clans, Milizen, militanten Gettos usw. organisiert. Wie in der Peripherie, nur in anderer Zusammensetzung, läuft die gesellschaftliche Krisenerschütterung auch in den demokratischen Zentren auf den universellen Bürgerkrieg gegen die und unter den Gettos und synthetischen Identitäten hinaus.

In der gegenwärtigen Phase des Krisenprozesses ist diese Entwicklung trotzdem noch, wenn auch brüchig, mit der herkömmlichen politischen Form vermittelt. Auf der Welle der diffusen rassistischen Krisen- und Ausgrenzungs-Stimmung schwimmen teils ihrer Ideologie nach offen neonazistische Parteien wie etwa die „nationaldemokratische Partei" (NPD) in Deutschland, deren Reste und Derivate inzwischen in die AfD schlüpfen, teils sind es sogenannte rechtspopulistische, medial inszenierte Parteigebilde wie die „Haider"-Partei in Österreich (heute FPÖ) oder Silvio Berlusconi in Italien; Frankreichs Le Pen scheint eher eine Mittelstellung zwischen traditionellem Rechtradikalismus und dem postmodernen medialen Rechtspopulismus einzunehmen. Dieselben Erscheinungen finden sich natürlich erst recht in sämtlichen osteuropäischen Ländern und in Russland, wo sich ein breites rechts-radikal-nationalistisches Parteienspektrum und eine entsprechende weitverzweigte Subkultur gebildet haben. In Polen und Ungarn stellen sie bereits die Regierung.

Das globale Bewusstsein ist blind dafür, zu erkennen, dass der Kapitalismus mit der letzten Phase der Globalisierung seine Endkrise erreicht hat, weil er seinen Grundwiderspruch (Verwertung des Werts) nicht positiv lösen kann. Er ist für seine Formen („Arbeit", Staat...), die seine Basis und damit seine Voraussetzung sind, inhaltlich (Produktivkräfte) zu groß, weil „zu" rationell geworden. Die Inhalte können nicht mehr in die kapitalistischen Formen gepresst werden. Der Kapitalismus zerstört sich selbst, indem er die „Arbeit" abschafft und damit den Staat schwindsüchtig macht und schrumpft sich beständig auf seinen von Anbeginn an immanenten Gewalt-Kern zurück, ohne eine neue, die Menschheit auf gleicher oder höherer Stufe reproduzierende Gesellschaftlichkeit zu kreieren. Das ist an sich Wahnsinn. Er besteht insbesondere darin, dass die Individuen von ihrem eigenen System nichts wissen (wollen), also strunzdumm sind in Bezug auf ihre eigene gesellschaftliche Verfasstheit und mit zunehmendem Fanatismus genau mit dem weitermachen, was alles kaputt macht. Als ein Stichwort nenne ich Dir hier den neuen Gebrauchs-Begriff, also das Gelaber über die „Digitalisierung"/"Industrie 4.0." Sie meint, vollkommen unbegriffen (Mikroelektronik als solche ist ja Digitalisierung), nichts anderes als eine weitere Entwicklungsstufe der Dritten industriellen Revolution der Mikroelektronik und kann nur immer zunehmend weitere Arbeitskraft entwerten, also überflüssig machen und in der Folge Bürgerkriege und Flüchtlingsströme produzieren.

Obwohl heute bereits wesentliche Bereiche der Wirtschaft sehen oder zumindest ahnen, dass das kapitalistische Schiff auf Kollisionskurs ist, haben sie keinen Begriff davon, was im Grunde tatsächlich geschieht. So können sie zwar die Erscheinungen immer mal wieder aufzeigen, ohne jedoch zu sehen, dass es der Kapitalismus, also das System der Verwertung des Werts, selbst ist, der die Erscheinungen hervortreibt. Im letzten Jahr führte zum Beispiel der Bundesverband Informationswirtschaft, Telekommunikation und neue Medien e. V. (Bitkom) eine Umfrage zu den erwarteten Wirkungen der „Digitalisierung" bei 500 seiner deutschen Mitglieder-Firmen, die jeweils mehr als 20 Mitarbeiter beschäftigen, durch. Jedes vierte Unternehmen sieht sich durch die „Digitalisierung" in seiner Existenz bedroht. Hochgerechnet würden so etwa 3,4 Millionen sozialversicherungspflichtige Arbeitsplätze wegfallen. Unterstützt wurde diese Aussage durch den Hinweis darauf, dass in den vergangenen 15 Jahren in der deutschen Kommunikationstechnik bereits 90 Prozent aller Arbeitsplätze durch die bisherige Digitalisierung wegfielen.[6]

---

[6] Vgl. hierzu Frankfurter Allgemeine Zeitung vom 02.02.2018.

Bitkom ist der Branchenverband der deutschen Informations- und Telekommunikationsbranche. Als Interessenverband vertritt er 2.500 Unternehmen. Davon sind etwa 1.700 Direktmitglieder, die zusammen etwa 190 Milliarden Euro Umsatz im Jahr erwirtschaften und 700.000 Beschäftigte haben. Zu den Mitgliedern zählen ca. 1.000 Mittelständler, mehr als 400 sogenannte Start-ups und nahezu alle sogenannten Global Player. Unter den Mitgliedern sind Geräte-Hersteller, Anbieter von Software und IT-Dienstleistungen, sowie von Dienstleistungen im Bereich Telekommunikation und Internetdiensten, Hersteller von Hardware und Unterhaltungselektronik sowie Unternehmen der digitalen Medien und der Netzwirtschaft. Die Bitkom-Mitglieder beschäftigen in Deutschland mehr als zwei Millionen Arbeitskräfte. 80 Prozent der Mitglieder haben ihren Hauptsitz in Deutschland, jeweils 8 Prozent kommen aus dem übrigen Europa und den USA, 4 Prozent aus anderen Regionen.

Der Verband warnte daher auch vor einem künftigen Verlust der Hälfte aller heute noch bestehenden Berufsbilder. Und als Lösung fiel ihm ein, es doch mal mit einem „bedingungslosen Grundeinkommen" zu versuchen. Deutlicher kann nicht sichtbar gemacht werden, dass die Protagonisten ihr eigenes System nicht kennen, also nichts als sogenannte Systemidioten sind. „Sie wissen es nicht, aber sie tun es" (Marx). Die einfache Frage, wo denn das Geld fürs Grundeinkommen herkommen soll, wenn niemand mehr „arbeitet", wird nicht einmal im Traum gestellt.

Aber der Kapitalismus ist am Ende seines Blindflugs durch die Geschichte angelangt, er kann nur noch zerschellen. Und je unabweisbarer es wird, dass sich die Menschheit nicht länger in den Formen der „schönen Maschine" reproduzieren kann, desto mehr verhärtet sich die kapitalistische Bewusstseinsform. Still und leise sucht sich das verstockte gesellschaftliche Bewusstsein, das auf Biegen und Brechen an den sozialen Verkehrsformen des Kapitalismus festhalten will, ein neues Paradigma – das älteste der bürgerlichen Ideologie – den Antisemitismus. Die Dämonen sind erwacht, sie kehren mit Riesenschritten wieder im Denken und Handeln der konkurrierenden postmodernen „Hausschweine"/ „Raubaffen".

Im weitesten Sinne werden die Krisenideologien und Krisenkonflikte auf allen Seiten rechtsradikal formuliert und ausgetragen, eben in den Verwilderungsformen der abendländischen, nunmehr globalisierten Abspaltungs-Männlichkeit des warenproduzierenden Systems: nicht nur rassistisch, sondern damit auch grundsätzlich autoritär, frauenfeindlich, irrational und gewaltorientiert unter zunehmender Sprachprimitivität.

In der gegenwärtigen Phase des Krisenprozesses ist diese Entwicklung wie bereits gezeigt noch schwachbrüstig mit der herkömmlichen politischen Form vermittelt. Insbesondere in Europa, letztlich aber überall auf der Welt, schwimmen auf der Welle der diffusen rassistischen Krisen- und Ausgrenzungs-Stimmung (teils ihrer Ideologie nach) bereits offen neonazistische Parteien.

Hierauf aufgesattelt, oder als Kehrseite dieser Medaille der globalen Gewalt tritt jetzt aber die hochgerüstete demokratische Macht selber in den Bann des systemischen Todestriebs, und entsprechend verheerend sind die Konsequenzen.

Es ist eine diffuse Vernichtungswut, durchaus verwandt (wenn auch nicht identisch) mit derjenigen der Nazis, die im Innersten der demokratischen Macht aufzukeimen beginnt: Wenn die Welt nicht von uns beherrschbar ist, dann soll sie zusammen mit uns untergehen. In seiner Breite zerstört der demokratische Amoklauf einen Sektor der sozialen Reproduktion nach dem anderen: alles soll „stillgelegt" werden und verschwinden, was von der Logik des universellen Realökonomismus nicht mehr erfasst werden kann. In diesem Sinne könnten wir metaphorisch von einem Amoklauf des „leeren" kapitalistischen Realitätsprinzips sprechen. Aber es geht hier keineswegs nur um eine Metaphorik für sekundäre soziale Zerstörungsprozesse. Der Begriff des demokratischen Amoklaufs ist nun auch durchaus buchstäblich zu nehmen, nämlich auf der Ebene der militärischen Aktion.

Diese Transformation der demokratisch-imperialen Weltpolizei in den offenen Vernichtungswahn ist durch zwei wesentliche Momente gekennzeichnet; ein politisches und ein militärisch-technologisches. Politisch handelt es sich um die wachsende Neigung der US-Administration zu Alleingängen unter offenem Bruch aller Regeln, auch den eigenen „Verbündeten" gegenüber. Diese Tendenz liegt in der Natur der Sache: Je unhaltbarer und gefährlicher die Weltsituation wird, desto stärker tritt der militärische Aspekt in den Vordergrund und desto niedriger wird die Hemmschwelle, Hightech-Gewalt im großen Maßstab einzusetzen, ohne noch lange zu fragen. In demselben Maße jedoch, wie die Sicherungen durchbrennen, fokussiert sich das Handeln notwendigerweise auf die letzte Weltmacht, die ja mehr als 90 Prozent der westlichen Militärmaschine kontrolliert. Deshalb muss in den USA mit zunehmender Krise auch die Neigung wachsen, mit allen Mitteln der Hightech-Gewalt loszuschlagen, eben weil man sich am Drücker dieser Gewalt weiß und sonst vielleicht bald gar nichts mehr in der Hand hat. Angesichts der objektiven, systemisch bedingten und daher unüberschreitbaren inneren Grenze der kapitalistischen Produktions- und Lebensweise beginnt sich dieses Bewusstsein der Gewaltmacht in eine Vernichtungswut gegen die ungefügige Welt und gegen die Ungreifbarkeit der Probleme hineinzusteigern. Mit anderen Worten: Es wiederholt sich auf der Ebene der administrativen Weltmacht-Psyche genau das, was in der Psyche der individuellen Amokläufer vor sich geht. Die Erscheinungsformen sind ebenso vielfältig wie eindeutig: Die Wahl der zum Gewaltprozess passenden Administration, Versuche nationaler Abschottung, forcierte militärische Aufrüstung, Vorschub zunehmender Rechtlosigkeit, Anwachsen von Überheblichkeit, Nationalismus, Rassismus und Ignoranz, zunehmende Sprach-Primitivität... Nicht nur die neue US-Administration mit ihrem unterbelichteten Präsidenten wird uns hierfür beispielhaft tagtäglich in den Medien vorgeführt; auch das ständig weiter nach rechts rückende Bewusstsein in Deutschland und Europa überhaupt mit seiner jeweils dazu passenden parlamentarischen Repräsentanz wird uns bis zur Kenntlichkeit deutlich gezeigt. Hier wenige Worte zur NATO: „Deutschland aus der NATO zu reißen, wäre ein schwerer Fehler gewesen. Es hätte das Ende der Allianz bedeutet, *des wichtigsten Vehikels für amerikanischen Einfluss in Europa"* (Condoleezza Rice, in: Spiegel 36/2010; kursive Hervorhebung G.K.). Abgesehen davon, dass mit „amerikanischen Einfluss" auf die übliche arrogante, überhebliche Weise allein der USA-Einfluss und nicht etwa der von Peru, Chile, Mexiko... (als ebenso amerikanische Staaten) gemeint ist, kann man nur noch sehr selten solche Wahrheiten lesen. Bereits 2007 zitierte Peter Scholl-Latour: Die NATO sei „eine sich selbst finanzierende Fremdenlegion der USA in Europa" und bespie „die Unterwürfigkeit gegenüber den USA" als verheerend. So bleibt uns festzustellen, dass die NATO von ihrem Anfang an zweifellos kein eigentliches Verteidigungsbündnis ist, sondern einzig den US-Einfluss in und auf Europa sichern soll.

Dazu diese Ergänzung: Die USA halten bis heute (2018) große Teile der Welt militärisch besetzt. Sie verfügen hierfür über etwa 1.000 Militärbasen außerhalb ihres Territoriums. In Europa sind etwa 63.000 US-Soldaten stationiert (darunter in Deutschland: mind. 35.800; Italien: 11.800; Großbritannien: 12.000). In Ostasien agieren etwa 75.000 US-Soldaten (darunter in Japan: 33.500; Südkorea: 29.000; auf See: ca. 11.000). In Nordafrika, im Nahen Osten und in Südasien ist *außerhalb der Kampfeinsätze* ein Kontingent von weiteren 5.500 Soldaten in 24 Ländern stationiert. Hervorzuheben sind dabei 1.350 Soldaten in Bahrain und 2.500 auf See. Südlich der Sahara sind 1.700 Soldaten stationiert, davon 1400 in Dschibuti. Auf den beiden amerikanischen Teil-Kontinenten sind außerhalb der Vereinigten Staaten 2.100 Soldaten stationiert, davon 950 in Guantanamo auf Kuba und 400 in Honduras. Seitdem die USA 1776 gegründet wurden (also vor 242 Jahren) befanden sie sich 225 Jahre lang, nur mit kurzen Unterbrechungen, im Krieg in anderen Ländern; das heißt, sie überfielen diese zumeist. Ganze 17 Jahre verliefen für dieses Land, ohne dass es in anderen Ländern Kriege führte. Das heißt, dass die Menschen der USA in ihrem innersten Fühlen und Denken inzwischen Krieger sind und sich dem „Rest" der Welt überlegen fühlen, ständig bereit, wieder über andere Länder herzufallen; denn diese ständige nach außen drängende kriegerische Gewalt haben sie in den letzten 200 Jahren zutiefst in ihr Wesen aufgesogen, es zu ihrem Wissensaggregat gemacht; sie haben ja nichts anderes kennengelernt. Das was sie am „besten" können, ist Waffen zu produzieren, Kriege zu führen (also Menschen zu ermorden), weltweit Menschen zu bespitzeln/überwachen und generell offene und geheime Gewalt jeglicher Art auszuüben. So bilden sie heute bereits eine Gesellschaft voller Mord und Totschlag, in der jährlich viele Tausende erschossen oder sonst wie umgebracht werden, in der jedes Jahr über 6 Millionen Menschen (zumeist Frauen) von anderen (zumeist von Männern) verfolgt und belästigt werden, was sie „stalken" nennen. In jedem Jahr gibt es in den USA mehr Tage, an denen Massenschießereien (ab 4 Toten oder Verletzten) stattfinden, als solche, an denen das nicht der Fall ist. Amokläufe finden in diesem Land im Wochentakt statt. Vorzugsweise wird in Schulen gemordet. Das nennen sie inzwischen liebevoll „school shooting". Allein in den ersten 45 Tagen dieses Jahres (2018) gab es bereits 18 solcher Amokläufe mit insgesamt 21 Ermordeten. Hierin sind nicht die vielen „Fehlversuche" enthalten, bei denen die Täter zwar auf die potentiellen Opfer zielten, aber nicht trafen.

Die weit überwiegende Masse der US-Bevölkerung hat vom Ursprung dieser beständig anwachsenden Gewalt, in der alle Menschen verstrickt sind, nicht den Hauch einer Ahnung. Für sie ist es das Böse im Individuum. Woher dieses Böse jedoch kommt, dringt nicht in ihr Bewusstsein. Ihnen bleibt verborgen, dass es allein ihre militärisch basierte ökonomische Struktur ist, die das erzwingt, denn sie sorgt dafür, dass die Menschen immer aufs Neue nur diese Gewalt kennen, können und sie als Konkurrenz-Subjekte vermeintlich freiwillig tagtäglich aufs Neue erstreben.[7]

---

[7] Hierzu empfehle ich Dir George Kaufmann (2017).

Die USA produzieren ständig mehr Waffen, als die ihnen folgenden zehn stärksten Industrie-Länder zusammen. Wer Waffen produziert, braucht natürlich den Krieg – eine einfache Logik, denn nur zum Zweck der Kriegsführung werden Waffen produziert. Wer Waffen kauft, will sie einsetzen. Die Begriffe „Angriff" und „Verteidigung" sind in diesem Zusammenhang irrelevant. Für uns Systemidioten wurden und werden Kriege natürlich ausschließlich „zur Verteidigung" geführt, was denn sonst? Man wird sich doch wohl verteidigen dürfen! Wenn sich alle nur verteidigen, wo ist denn dann überhaupt ein Angreifer?

Dass der „Rest" der demokratisch-kapitalistischen Welt den USA immer zögerlicher folgt und sich am liebsten verkriechen möchte, je hemmungsloser die paranoide Gewaltbereitschaft der US-Administration wird, liegt nur an der ungleichen Verteilung der Gewaltmittel. Wenn überhaupt die EU, aber auch andere Staaten die Alleingänge der USA zu bremsen versuchen und vor dem offenen Vernichtungswahn zurückschrecken, so hat das nicht im Geringsten etwas mit eigenen machtstrategischen Interessen zu tun, sondern es handelt sich vielmehr einzig und allein um das Unbehagen derer, die selber nicht den Finger am Abzug haben. Nicht ein Rest von Vernunft macht sich hier geltend, sondern die Paralyse der Subalternen (sich Unterordnenden), denen der ersichtlich die Selbstkontrolle verlierende „große Bruder" allmählich genauso viel Angst einjagt wie die unheilbaren Krisenerscheinungen, die in diese Situation überhaupt erst geführt haben. Die List der Ohnmacht wird nicht zur List der Vernunft, weil es auf keiner Seite Einsicht in den Problemzusammenhang gibt. Alle wollen nur das machen, was nicht mehr geht, nämlich marktwirtschaftlich-demokratisch weiterwursteln; und deshalb müssen zuletzt auch alle die ultima ratio der kapitalistischen Unvernunft akzeptieren und irgendwie mittragen. Der Todestrieb manifestiert sich so als weltpolizeilicher Amoklauf, der weltvernichtende Dimensionen anzunehmen droht. Und die EU will wenigstens ein bisschen selbstständiger mitmachen, den Finger an einen eigenen Abzug bekommen. So titelte Spiegel online am 13.11.2017: „Europäische Verteidigungsgemeinschaft; 23 EU-Staaten gründen Militärunion"; „Ein großer Tag für Europa – in Brüssel haben die zuständigen Minister eine EU-Verteidigungsgemeinschaft beschlossen".

Auch in diesem Fall werden wir feststellen, dass es für uns teurer wird, denn die Militärausgaben werden insgesamt erhöht: Neue Führungs- und Organisationsstrukturen, Ersatz nichtstandardisierter Waffentechnik durch standardisierte; das heißt nur, dass das Töten industriell vereinfacht, also intensiviert wird. Die Einsatzgebiete, in denen europäische Soldaten selbst töten und Menschen zum Töten ausbilden, werden weiter ausgedehnt; zum Beispiel nach Afrika, um dort den Menschen mit Bomben, Raketen, Kanonen und Gewehren (oder auch nur zunächst mit Militärausbildern und -beobachtern) ganz praktisch klarzumachen, dass sie gefälligst nicht nach „Europa" zu fliehen haben, sondern zuhause freiwillig verhungern oder sich im Kampf um die Lebensmittel-Reste bitteschön selbst gegenseitig umbringen. Aktuell mischt die Bundeswehr in unterschiedlichem Maße im Kosovo, Libanon, Irak, Sudan, Südsudan sowie in Afghanistan, Syrien, Jordanien, Djibuti, Somalia, Marokko und Mali mit. Überall geht es um „deutsche Interessen".

Wie wir insgesamt sehen, kann politisch-militärische Macht sogar zur ökonomischen Potenz werden. Aber diese Macht ist trotzdem nicht in der Lage, auf Dauer die Funktionsgesetze des Kapitalismus auszuhebeln, auch wenn sie die Verlaufsformen der Weltmarkt-Geschichte beeinflusst. Weltkapital braucht Weltgeld als Maßstab der Währungsverhältnisse. Davon hängen der Welthandel und das globale Finanzsystem ab. Als 1973 die Goldbindung des Dollars gekappt wurde, trat, wie weiter oben schon beschrieben, die konkurrenzlose Militärmaschine der USA mit ihrer „permanenten Kriegswirtschaft" an die Stelle des Goldes. Die Funktion der globalen Garantiemacht und die Ideologie vom „sicheren Hafen" wurden zur ökonomischen Gewalt; an die Stelle des Golddollars trat der Rüstungsdollar. Auf diesem Konstrukt beruhten und beruhen die Globalisierung, die Finanzblasen-Ökonomie und die Defizitkonjunktur der letzten bereits mehr als 30 Jahre. Der Preis war und ist nach wie vor eine Außenverschuldung der USA in astronomischen Dimensionen.

In der Debatte über die schwelende Finanzkrise, deren Epizentrum das Bankensystem der USA bildet, ist verdächtig wenig von der Weltgeldfunktion des Dollars die Rede. Alle könnten wissen, dass der Euro ebenso wenig wie eine andere Währung diese Rolle übernehmen kann. Eine Rückkehr zur Goldbindung ist auf Basis der globalen Verschuldungs-Strukturen unmöglich und eine alternative Militärmacht nirgendwo in Sicht; sie wäre sowieso unfinanzierbar. Die Finanzkrise, deren Ende nicht absehbar ist, stellt aber das Konstrukt der Dollar-Ökonomie grundsätzlich in Frage. Seit 2008/2009 verschießt die US-Notenbank ihr Pulver, nur um die Bankbilanzen zu retten und eine Kernschmelze des Finanzsystems zu verhindern. Die Notenpressen laufen auf Hochtouren. Es bleibt keine Option mehr für zusätzliche Konjunkturspritzen, zumal die „öffentliche Hand" der USA auf allen Ebenen hochverschuldet ist und die Sparquote verschwindend gering.

Damit droht nicht nur die Defizitkonjunktur abzustürzen, sondern auch die Finanzierungsfähigkeit der „permanenten Kriegswirtschaft". Die USA benötigen tagtäglich mehrere Milliarden Dollar Zufluss an globalem Geldkapital. Solange dieser Zufluss funktionierte, konnte der Weltordnungskrieg scheinbar aus der Portokasse ohne größere Auswirkungen auf die Weltwirtschaft finanziert werden. Der tendenzielle Dollarverfall gegenüber dem Euro signalisiert aber ebenso wie die Flucht ins Gold, dass die Quelle bereits zu versiegen beginnt. Auch auf den asiatischen Währungen lastet ein enormer Aufwertungsdruck. Nach Berechnungen des ehemaligen Weltbankpräsidenten Josef Stieglitz kostet allein der Irakkrieg mit allen Nebenwirkungen mehr als eine Billion Dollar, was nach neueren Informationen jedoch weit untertrieben ist; die tatsächlichen Kosten liegen wohl etwa dreifach höher. Dramatische Folgen der Finanzkrise für die Rüstungs- und Kriegskosten in den nächsten Jahren werden nicht ausbleiben.

Die vollmundigen Ankündigungen des US-Präsidenten von riesigen Konjunkturprogrammen sind Schall und Rauch; über die weitere Finanzierung der Militärmaschine und ihrer Einsätze schwieg er sich vor seiner Wahl noch aus; inzwischen (2017) forcierte er eine weitere ungeheure Aufstockung des Militäretats. Zu finanzieren ist das nur mit „heißem" Geld, also ohne jegliche Grundlage einer realen Mehrwertproduktion, also nur noch auf Basis eines Mehrwertversprechens in einer fernen Zukunft, die kapitalistisch nie mehr kommen wird. In Wirklichkeit wird dieser US-Präsident das Finanzdebakel insgesamt ausbaden müssen. Er ahnt das auch irgendwie, hat aber von seinem eigenen System und dessen Gesamtwirkung keinen Schimmer. Dennoch strampelt er mit Händen und Füßen. Soeben hat er die Steuern für die US-Firmen gesenkt, um den so lebenswichtigen Finanzzustrom aus der übrigen Welt nicht weiter abflauen zu lassen. Mit Zöllen auf Importwaren aus verschiedenen Bereichen (zum Beispiel Stahl und Aluminium) will er die entsprechende US-Wirtschaft vor der „Unfairnis" der ausländischen Konkurrenz „schützen". Die gewünschte Wirkung kann aber nur sehr kurz anhalten. Denn „seine" Betriebe sind international bereits an den Rand konkurriert worden. In Wahrheit verteuert er nur die Importwaren für seine davon abhängige Wirtschaft, was sie auf Dauer weiter vom Markt verdrängt. Der US-Stahl- und Alu-Industrie helfen aber Zölle auf Konkurrenzwaren nicht, um technisch-technologisch wieder konkurrenzfähig zu werden. Mittelfristig bewirkt sein Gehabe nur, dass sich die globale Konkurrenz noch weiter verschärft und die zivile US-Wirtschaft ihren Weg abwärts in die zweite Reihe beschleunigt fortsetzt. Dieser Weg als solcher wird ja längst beschritten unabhängig davon, ob die für den Gesamtprozess blinde US-Administration nun noch zusätzlich etwas an der ohnehin überall gebräuchlichen Zollschraube dreht oder nicht. Die weltweite mediale Erregung hierüber ist scheinheilig; die dieses Mittel am breitesten anwenden, schreien am lautesten. Aber die Abwärtsbewegung selbst ist unter den Bedingungen des irrationalen kapitalistischen Formzusammenhangs (Verwertung des Werts) unumkehrbar. Es wird mehr Konkurse geben, mehr Arbeitslose und weniger Sozialstaat und dennoch werden die allenthalben bestehenden kolossalen Überkapazitäten kaum angekratzt. Zusätzlich spürt der Präsident, dass die US-Kriegswirtschaft weiter forciert werden muss. Als Begründung findet er den zunehmenden Terrorismus und die Bedrohung durch diverse „Feinde". Einen Gedanken, dass dieser Terror und solche „Feinde" durch den gewöhnlichen Gang „seines" Kapitalismus und „seiner" Demokratie überhaupt erst und zunehmend hervorgebracht werden, kann er ebenso wie alle anderen Systemidioten nicht einmal träumen. Dass er „seine" US-Kriegswirtschaft beständig ausweiten muss, um den Dollar als Weltgeld zu halten, erschließt sich ihm in keiner Weise, denn er hat von dem was Kapitalismus ist so viel Ahnung wie Marx vom Motorradfahren. Hierbei unterliegt er einem objektiven Zwang. Ob er es persönlich will oder nicht, muss er die Kriegsherde auf der Welt weiter schüren. Denn wenn der Weltordnungskrieg zusammenbricht, erlischt auch die Funktion

der globalen Garantiemacht („sicherer Hafen") und der Rüstungsdollar ist am Ende. Es gibt dann objektiv keine Möglichkeit mehr,
den Dollar lediglich durch diplomatische Erklärungen etwa der G-
7-Finanzminister und Notenbankpräsidenten noch einmal aufzu-
werten. Die Konsequenzen sind absehbar. Der Welthandel im
Rahmen der Globalisierung könnte nicht nur durch das Ende des
US-Konsumwunders abgewürgt werden, sondern auch durch eine
Weltwährungskrise im Gefolge der Dollarkrise. So meldet sich der
US-Twitter-Präsident: „Unser Militär wird jetzt stärker als je zuvor. Wir lieben und brauchen unser Militär und haben ihm alles
gegeben – und mehr. Das bedeutet auch: JOBS, JOBS, JOBS!"

Es ist pervers: Nur durch eine immer weitere militärische Hoch-
rüstung und breitere Anwendung der aus einem finanziellen
Nichts produzierten Mordwaffen kann der Kapitalismus noch für
eine unbestimmte jedoch historisch kurze Zeit ein rein virtuelles
Scheinleben führen. Nur indem er seinem objektiven Todestrieb
folgt, erkauft er sich noch ein paar Jahre. Für Dich persönlich bedeutet das zugleich folgendes: Wenn Du den Kapitalismus weiterhin haben, ihn also nicht abschaffen willst, musst Du auch wollen,
dass der Rüstungsdollar als Weltwährung unbedingt erhalten
bleibt. Das geht aber nur, wenn die USA der Welt nach wie vor
ihre Stärke (Bonität) zeigen können. Das wiederum erfordert,
dass sie noch wesentlich stärker aufrüsten, die Welt zunehmend
mit diesem Rüstungs-Gelumpe beliefern und ihre Kriege *gegen
den Terror* erheblich ausweiten. Dafür ist aber auch Terror nötig,
der zu bekämpfen ist. Du musst also dafür sorgen, dass Terror an
möglichst vielen Orten entsteht. Hierfür brauchst Du nichts Be-
sonderes tun, musst lediglich ganz normal so weiterleben, wie
bisher. Denn damit bewirkst Du (zusammen mit allen anderen
Systemidioten) ganz automatisch, dass mit Hilfe der Mikroelektronik (nur Teile davon heute modisch und die Realität verkennend
„Digitalisierung" genannt) das Weltkapital immer produktiver

wird, damit weltweit immer mehr „Arbeit" vernichtet (vielleicht auch Deine), Millionen Arbeitslose schafft, die als Konkurrenzsubjekte um die Reste streiten, in blutigen Auseinandersetzungen über einander herfallen und als Flüchtlinge vor Deiner Tür stehen. Das dürfte reichen, dass sich die US-Militärmaschine ausgiebig um diesen (selbst erzeugten) „Terror" *kümmert.* Falls Du es noch nicht kapiert hast: Ich sage Dir hiermit, dass Du, wenn Du ganz banal so weiterlebst wie bisher, nicht nur den jetzigen Terror, sondern auch den künftigen mit der Perspektive der Menschheitsvernichtung selbst erzeugst. Im Sinne des Eingangs-Satzes von Szent Györgi könnte das hier Deine größte Entdeckung sein.

In welchem Ausmaß und mit welcher Geschwindigkeit sich der (letztlich atomare) Amoklauf der demokratischen Weltmacht vollziehen wird, hängt buchstäblich von der Konjunktur des Finanzblasen-Kapitalismus ab; also davon, wie lange sich dessen Agonie hinzieht und in welchem Zeithorizont dabei unbewältigbare weltgesellschaftliche Krisenprozesse über den gegenwärtigen Zustand hinaus freigesetzt werden. Die militärische Ausdehnung des sogenannten Islamischen Staates (IS) im arabischen Raum hat sich inzwischen bereits wieder mörderisch gewalt- und zerstörungsreich erledigt. Die Ideologie der „Vernichtung der Ungläubigen" ist jedoch nicht verschwunden, sondern verflüssigt sich derzeit über den gesamten Globus. Nicht zuletzt wurde diese Entwicklung durch die kapitalistische Führungsmacht USA und ihre demokratischen Vasallen zum Beispiel durch riesige Waffenlieferungen u. a. und vor allem an Saudi Arabien überhaupt erst ermöglicht. Wir werden die Derivate hieraus zur Genüge erleben. Es wird zunehmend in immer mehr Territorien des Globus zu diversen, bisher nicht für möglich gehaltenen Formen von Bürgerkriegen kommen. All das sind Zerfallserscheinungen des Kapitalismus. Die Weichen sind bereits gestellt. Dem müssen sich objektiv die System- Protagonisten vor allem aus den kapitalistischen Zentren unter Führung der USA entgegenstemmen, denn sie wollen den Kapitalismus unter allen Umständen erhalten. Um das System aber zu bewahren, muss überall Ruhe erzwungen werden. Das geht nur mit immer ausgedehnterer militärischer Gewalt. Und es kann keinen Zweifel geben, dass die USA mit der ersten Atomwaffe, die sie im nicht gewinnbaren Weltordnungskrieg (Robert Kurz' Begriff) gegen die Krisengespenster des Kapitalismus einsetzen, auch ihre Selbstvernichtung besiegeln. Die letzte Weltmacht und der westliche „ideelle Gesamtimperialismus" (dessen übrige Bestandteile trotz ihres Zauderns unvermeidlich das Schicksal ihrer Vormacht zu teilen haben) werden damit den Untergang ihres irrealen Realitätsprinzips nur beschleunigen. Sie werden die sekundären Wirkungen der atomaren Vernichtung nicht von sich selbst fernhalten oder überhaupt „kalkuliert" damit umgehen können; und sie werden vor allem den grenzenlosen Hass einer überwältigenden Mehrzahl der Menschheit (falls wir dann überhaupt noch von einer solchen sprechen können) auf sich ziehen, der Mittel und Wege zur Rache finden wird und sei es einer ebenso entmenschten und infernalischen.

Wenn wir das nicht verhindern, wird es so kommen. Der kapitalistische Vernichtungszug rast mit zunehmender Geschwindigkeit vermeintlich unaufhaltsam auf uns zu. Unaufhaltsam ist er aber nicht, denn wir könnten ihn (noch) stoppen. Aber nur, wenn wir unser Bewusstsein entwickeln. Das bedeutet nichts weniger, als uns die hier beschriebenen Zusammenhänge klarzumachen und darüber hinaus den gesamten kapitalistischen Formzusammenhang radikal zu kritisieren und aus uns selbst herauszuwürgen.

Dazu müssen wir ihn aber zunächst einmal kennen.[8] Lass Dir hierzu von mir ein paar Denkansätze zeigen:

Die kapitalistisch finale Welt-Wirtschaftskrise – soziale Bewegung und Sozialismus[9]

Wie uns die aktuelle mediale, politische und wirtschaftswissenschaftliche „Meinungsbildung" tagtäglich weismacht, soll die gegenwärtige Welt-Wirtschaftskrise schon wieder längst gar keine mehr sein. Bereits 2009 hatten die Entwarnungsdiskurse Tageskonjunktur. Irgendwie mochte man glauben, dass alles binnen Jahresfrist der Vergangenheit angehören würde. Vielleicht war es ja halb so wild; vergessen bereits wieder die allgemeine Schreckstarre in den Monaten nach dem Lehman-Kollaps und den davon ausgelösten Schockwellen. Aber gleichzeitig musste zugegeben werden, dass das erhoffte neue Wachstum nach dem globalen Einbruch von einem wesentlich tieferen Niveau ausgeht; und es würde etliche Jahre dauern, bis das Akkumulationsniveau der Zeit vor der Krise (2007/2008) wieder erreichbar wäre. Welche Konsequenzen das haben musste, wurde kaum diskutiert. Deswegen erachte ich es als angebracht, auf die epistemische (wissenschaftlich ungetrübte) Grundlage für die „Meinungsbildung" hinzuweisen. Sie besteht in einem positivistischen Denken, das nur unmittelbare Tatsachen wahrnimmt, die weder in ihrem weltgesellschaftlichen Zusammenhang noch in ihrem historischen Gewordensein erscheinen. Diese armselige Methode besteht in einer „Hochrechnung" (Extrapolation) von empirischen Einzeldaten

---

[8] sh. George Kaufmann, 2015 und 2017.
[9] vgl. hierzu Robert Kurz, 2009.

und demoskopischen „Stimmungen". Und so hat diese Herangehensweise in der jüngsten Vergangenheit auch grandios versagt. Noch im Frühsommer 2008 wurde die vermeintlich boomende Weltkonjunktur berufsoptimistisch bis 2020 hochgerechnet. Der Kriseneinbruch kam scheinbar aus heiterem Himmel. Daraus kannst Du schließen, dass die positivistische Wahrnehmung und Methode nahezu nichts über die wirkliche Entwicklung aussagen kann. Das gilt auch für den aktuellen (2017/18) Entwarnungsdiskurs, dass wir längst aus der Krise raus wären; heute wird allerdings bereits bis 2050 hochgerechnet. Die Börsenindizes erreichen beständig bejubelte neue Rekordwerte. Dass auf diese Weise lediglich erneut eine gigantische Finanzblase aufgepumpt wird, die unweigerlich platzen muss, kann den Systemidioten nicht einmal in den Sinn kommen. „Die Wirtschaft brummt" wurde inzwischen zum Standardsatz in den Nachrichten deutscher Fernseh- und Rundfunksender. Grundlage dafür sind regelrecht falsche Statistiken. So äußert sich der allgemeine Wahnsinn. Die Protagonisten sind unzurechnungsfähig.

Da auch der Großteil der akademischen und politischen Linken[10] die Welt-Wirtschaftskrise ebenso wenig vorhersehen konnte, deutet dies darauf hin, dass sie längst Momente des allgemeinen bürgerlichen positivistischen Denkens adaptiert hat und krisentheoretisch bis heute vollkommen unterbelichtet ist.

Ein wesentlicher Bestandteil der aktuellen positiven Meinungsbildung besteht in der Hoffnung auf eine asiatische (insbesondere

---

[10] Als Linke bezeichne ich hier Menschen, die Krieg, Waffen, Töten... Gewalt ablehnen und grundsätzlich wollen, dass es allen Menschen gut geht. Hiermit sage ich zugleich, dass es Linke in allen sozialen, politischen und ökonomischen Bereichen gibt, was mit sogenannten Partei-Linken fast nichts zu tun hat.

chinesische) Akkumulationsdynamik, von der nun die Weltwirtschaft mitgezogen werden soll. Allerdings wird dabei die Struktur dieser Dynamik vollkommen außer Acht gelassen. Das chinesische Rekordwachstum in der ersten Dekade des 21. Jahrhunderts beruhte zu 60 Prozent auf dem Export, vor allem in die USA. Umgekehrt beruhte das Wachstum in den USA zu 70 Prozent auf dem Konsum. Es handelte sich um eine einseitige pazifische Defizitkonjunktur, von der das globale Wachstum getragen wurde (sh. hierzu weiter oben das Kapitel Defizitkonjunktur...). Dieses Schwungrad ist 2009/2010 zum Stehen gekommen. Obwohl der Rückgang des US-Konsums noch gar nicht in vollem Umfang realisiert war, sind die chinesischen Exporte bereits in den ersten drei Quartalen 2009 um 25 Prozent eingebrochen. Und es gab keinerlei Anzeichen dafür, dass China aus dem Stand den Hebel auf einen Binnenkonsum umstellen könnte, der quantitativ auch nur annähernd diesen Rückgang ausgleichen oder gar eine globale Wachstumsdynamik tragen könnte. Denn der erweiterte Konsum einer chinesischen Mittelklasse war nur das Abfallprodukt der einseitigen Exportströme. 2009 wurde die chinesische Wachstumskrise allein durch ein gigantisches staatliches Konjunkturprogramm aufgefangen, das zum geringsten Teil in den Konsum und zum größten Teil in Infrastruktur-Investitionen (Flug- und Seehäfen, Straßen- und Eisenbahnbau etc. wie zum Beispiel in den Folgejahren in riesige internationale Infrastruktur-Projekte der sogenannten Seidenstraße sowie in die Immobilien-Spekulation) geht. Dieses Programm ist staatlich und privat kreditfinanziert, wobei die chinesischen Banken im Unterschied zu denen im Westen gegen ihre betriebswirtschaftliche Rationalität vom Staat gezwungen wurden, in das volle Risiko zu gehen. Vorausgesetzt war allein, dass die einseitige pazifische Defizitkonjunktur wieder anspringt und schnell das alte Niveau wieder erreicht und übertrifft. Das tat sie auch, jedoch ausschließlich auf der Grundlage von der

Notenpresse gedruckten Geldes, dem also keine reale Mehrwertproduktion irgendwo zugrunde lag. Wenn aber diese Erwartung nicht eingetroffen wäre, hätten sich nicht nur die genannten Infrastrukturprogramme, sondern auch die nach dem Baukastenprinzip aufgebauten Überkapazitäten der Exportwirtschaftszonen bereits zu dieser Zeit längst als Investitionsruinen erwiesen. Nun aber wird China den Mega-Finanzcrash lediglich zeitversetzt nachholen (müssen!). Und wir werden es erleben.

Auch in dieser Hinsicht ist zu beobachten, dass erhebliche Teile der Linken derselben blauäugigen Erwartungshaltung wie die bürgerliche Öffentlichkeit frönen, ohne dafür auch nur im Geringsten irgendeine analytische Grundlage vorweisen zu können.

Nicht nur in China, sondern in der ganzen Welt fußt die vermeintliche Erholung der letzten Jahre allein auf staatlichen Konjunkturprogrammen, also letztlich auf kreditfinanziertem Staatskonsum (sh. falsche Statistiken). Diese Programme können jedoch leicht mit den während der Defizitkonjunktur aufgebauten Kapazitäten bedient werden. Sie erfordern also keinerlei privatkapitalistische Neuinvestitionen; im Gegenteil bleiben die bestehenden Kapazitäten trotz dieser Programme weiterhin hochgradig unausgelastet. Zu erwarten ist eher ein Zwang zum weiteren Abbau von Überkapazitäten in allen Schlüsselbereichen. Deshalb geben die Konjunkturprogramme keinen Anschub für das viel beschworene selbsttragende Wachstum. Dafür wäre eine private Investitionskonjunktur erforderlich, für die es jedoch keine Grundlagen mehr gibt. Der aufgeblähte Staatskonsum, dessen Finanzierung direkt in die Währungsräume eingespeist wird, enthält jedoch ein gewaltiges Inflationspotential, wenn er längerfristig die autonome Kapitalakkumulation ersetzen muss. In der Zwickmühle eines nicht mehr tragfähigen Wachstumszwangs können die Staaten eine außer Kontrolle geratende Inflation in Kauf nehmen, um die

Konjunktur eine Zeitlang künstlich zu beatmen und sich dann inflationär zu entschulden. Diese Phase währt heute (2018) bereits nahezu 10 Jahre. Das hat aber letztlich erneut verheerende Konsequenzen für die Kapitalakkumulation selbst (Schaffung immer umfangreicherer Überkapazitäten bei gleichzeitiger Reduzierung der Welt-Mehrwertmasse). Diese Entwicklung brütet bereits den nächsten Schub einer gewaltigen Abwärtsspirale des ganzen Systems aus. Denn wegen der globalen Überkapazitäten im Verhältnis zur kapitalistisch „regulären" Kaufkraft, lohnen sich reale Investitionen immer weniger. Das bewirkt einen Prozess des Abschwungs und der Stagnation der Konjunktur. Das wiederum bewirkt, dass die Warenpreise ebenso dramatisch sinken, wie sie in der Inflation steigen. Im Ergebnis haben wir Deflation und Inflation zugleich in riesigem Ausmaß zu erwarten. Das bewirkt den Kollaps des Kapitalismus, der sich nur in einer unermesslichen Gewalt darstellen kann.

Und wiederum ist zu beobachten, dass ein Großteil der Linken ebenso wie die in ihrer Meinungsbildung gekippte bürgerliche Öffentlichkeit den Staat als „deus ex machina" (überraschenden Retter) und „lender of last resort" (Kreditgeber letzter Instanz) für bewältigungsfähig halten möchte, ohne diese Option und deren Konsequenzen überhaupt oder sogar möglicherweise ausreichend durchdacht zu haben.

Schon eine bloß phänomenologische Analyse der Welt-Wirtschaftskrise verweist uns deutlich darauf, dass deren Ursachen durch die bisherigen Auffangmanöver nicht beseitigt sind. Eine tiefer gehende historische Analyse kann zeigen, dass diese Ursachen bis in die 1980er Jahre zurückreichen. Nachdem sich die fordistische Akkumulations-Dynamik der Nachkriegszeit erschöpft hatte, blieben die erwarteten weltweiten Potentiale realer Ver-

wertung in den neuen technologischen Feldern (Informations-
technologie, Biotechnologie etc.) aus. Der Versuch, die Verwer-
tungs-Probleme zunächst durch Staatskonsum anzuschieben,
scheiterte schon damals und mündete in Inflation. Die neoliberale
Deregulierungspolitik verlagerte aber das Problem nur vom
Staatskredit auf die transnationalen Finanzmärkte. Es bildeten
sich die berüchtigten Finanzblasen, die über mehr als drei Jahrzehnte bis heute anhaltend eine virtuelle, substanzlose Akkumulation zu generieren scheinen. Diese Scheinakkumulation war bereits in ihren Anfängen begleitet von einer dichten Kette partieller
Finanzkrisen in einzelnen Ländern, Weltregionen und Sektoren
(von der Schuldenkrise der Dritten Welt über die Finanzcrashs in
den USA und Japan Ende der 1980er und Anfang der 1990er
Jahre, die Krise der asiatischen Tigerstaaten, die Russlandkrise,
skandinavische Bankenkrise und Argentinienkrise bis zum Dot-
com-Crash nach der Jahrhundertwende), die aber sowohl von den
bürgerlichen Protagonisten, als auch von den im weitesten Sinne
Linken nicht in ihrem inneren Zusammenhang wahrgenommen
wurden und durch Geldflutung der Notenbanken bewältigbar
schienen. „Geld ist doch genug da!" Was sich den Deppen nicht
erschließt, ist, dass die neue Finanzkrise seit 2007/2008 nun erstmals eine globale ist, die mit den bisherigen Mitteln nicht mehr
eingedämmt werden kann. Das offizielle Erklärungsmuster läuft
darauf hinaus, die neoliberale Deregulierung als „historischen
Fehler" zu bezeichnen und die Krise auf „Exzesse" der Banker im
Finanzhimmel zurückzuführen, die leider auf die an sich gesunde
„Realökonomie" zurückschlagen würden. Was sie nicht sehen
(wollen), ist, dass es sich in Wirklichkeit genau umgekehrt verhält.
Denn schon seit den 1990er Jahren fand ein Recycling aus den Finanzblasen in die sogenannte Realökonomie statt, das eine von
realer Wertsubstanz nicht mehr gedeckte Kaufkraft für Konsum
und Investitionen in die kapitalistische Reproduktion einspeiste

und die seitherigen Defizitkonjunkturen überhaupt hervor-
brachte. Das inflationäre Potential dieses „Finanzmarkt-Keynesi-
anismus" war strukturell über globale Währungsräume verteilt
und begann sich erst auf dem Höhepunkt der Defizitkonjunktur zu
manifestieren (China, USA), wurde dann aber durch den Entwer-
tungsschock des Finanzkapitals überlagert, um sich schließlich erneut durch die Staatsprogramme aufzubauen. Weil jedoch das offizielle Erklärungsmuster falsch ist, kommt auch die angestrebte
Re-Regulierung nicht vom Fleck, sondern wird auf die imaginäre
Zeit „nach der Krise" verschoben. Es gibt aber keine „gesunde"
Real-Akkumulation mehr, sondern deren insgesamt langfristig er-
schöpfte Dynamik kann durch prekäre Simulations-Programme
nur gestreckt werden. Aber die nach dem erlebten Entwertungs-
schock zugelassenen neuen Finanzblasen haben keine dauerhafte
Kraft zum Recycling in eine Defizitkonjunktur mehr und der
Staatskredit ist bereits jetzt an Grenzen gestoßen.

In diesen Zusammenhang gehört die schlimmste Fehlleistung eines Großteils der Linken. Bereits *vor* dem globalen Einbruch hatten die globalisierungskritischen Bewegungen und die politische
Linke mehrheitlich selber in einer „verkürzten Kapitalismuskritik"
die Finanzspekulation für die sozialen und ökonomischen Krisenerscheinungen verantwortlich gemacht und damit das Verhältnis von Ursache und Wirkung auf den Kopf gestellt. Damit
folgt also die Linke hierin keineswegs dem falschen Erklärungsmuster der bürgerlichen Öffentlichkeit, sondern diese hat es umgekehrt vom linken Mainstream übernommen.

Auch die historische Analyse der wechselseitigen Bedingtheit von
mangelnder realer Akkumulations-Dynamik des globalen Kapitals
und der Herausbildung einer transnationalen Finanzblasen-Ökonomie ist noch phänomenologisch beschränkt. Eine zureichende

Erklärung ist erst durch unseren Rückbezug auf die Marxsche Kritik der politischen Ökonomie möglich. Marx hat die historische Dynamik des Kapitals und deren „innere Schranke" auf einer abstrakt-begrifflichen Ebene analysiert. Seine kategoriale Darstellung entzieht sich dem positivistischen Denken, weil sie auf der empirisch nicht unmittelbar erkennbaren Ebene der Wertsubstanz argumentiert, die daher nicht mit dem Wertschöpfungsbegriff von VWL und BWL identisch ist, in deren Rechnungsweise der Zusammenhang von Mengen abstrakter Arbeit, realer Wertsubstanz, Umschlagszyklen des Sach- und Warenkapitals, Geldschöpfung und Kreditsystem gar nicht erscheint, also die wirkliche Bewegung grundsätzlich nur verzerrt wiedergegeben wird. Die Marxsche kategoriale Analyse der Akkumulations-Dynamik zeigt hingegen den inneren Selbstwiderspruch der kapitalistischen Produktionsweise anhand der steigenden organischen Zusammensetzung des Kapitals. Der wachsende Anteil des konstanten Kapitals (des „toten", nur Wert übertragenden, aber nicht Wert schöpfenden Sachkapitals) gegenüber dem variablen Kapital (Wert und Mehrwert schöpfender Arbeitskraft) pro eingesetztem Geldkapital führt zum tendenziellen (historischen) Fall der Profitrate. Dieser relative Ausdruck des Selbstwiderspruchs kann zwar durch die gesamtgesellschaftliche Wirkung eines steigenden relativen Mehrwerts pro Arbeitskraft (Absinken von deren Wert durch Produktivkraftentwicklung) kompensiert werden; aber nur dann, wenn sich gleichzeitig der Einsatz von Geldkapital und damit die Anwendung von Arbeitskraft entsprechend erhöht und zu einer wachsenden Profitmasse trotz Falls der Profitrate führt. Auch dabei macht sich der Selbstwiderspruch insofern geltend, als die stetig steigenden Vorauskosten für das Sachkapital nicht mehr ausreichend aus vorangegangenen Profiten finanziert werden können, sondern einen ebenso stetig wachsenden Rückgriff auf das Kreditsystem erforderlich machen. Auf diese Weise muss das Kapital immer mehr auf zukünftigen Mehrwert vorgreifen, um die aktuelle Mehrwertproduktion am Laufen zu halten. Daraus aber lässt sich auf eine historische innere Schranke der Verwertung schließen, wenn die zusätzliche Anwendung von Arbeitskraft auch bei steigendem Einsatz von Geldkapital nicht mehr ausreichend gelingt und die weit in die Zukunft vorgreifenden Kreditketten reißen und damit auch die Profitmasse fällt. Diese Zusammenhänge zu erkennen, fällt nicht nur Linken schwer und bringt sie ins Schleudern. Andererseits ist alles zutiefst wissenschaftlich fundiert und in sich logisch. Um es zu begreifen, sind lediglich ein paar Diskussionsrunden mit etwas Papier, Stift, Wandtafel und Kreide erforderlich; es sei denn, man will das gar nicht.

Die Entwicklung auf Basis der Dritten industriellen Revolution seit den 1980er Jahren lässt sich jedenfalls in diesem hier skizzierten Sinne erklären, auch wenn es aus den bereits genannten Gründen keinen direkt empirischen Beweis im Sinne einer bürgerlich positivistischen Hochrechnung gibt. Es geht aber um die begriffliche „Abstraktionskraft" (Marx), um die realen Erscheinungen zu erklären, statt sie als zusammenhanglose Tatsachen wahrzunehmen, die man beliebig deuten kann.

Die skizzierten Defizite eines Großteils der Linken sind letztlich darauf zurückzuführen, dass ein Rekurs auf die Marxsche Theorie, wenn überhaupt, nur noch bruchstückhaft stattfindet. Soweit dann die kategoriale Ebene zufällig Thema ist, wird sie mit positivistischen Befunden kurzgeschlossen und eine an sich ewige Tragfähigkeit von relativer Mehrwertproduktion und Expansion des Kapitals vorausgesetzt, worüber man gar nicht erst nachzudenken braucht. Mit anderen Worten: Sie wollen es sich weiterhin im Kapitalismus gemütlich machen, obwohl das schon längst eine nur noch nostalgische Regung ist. Denn alles, was wir heute mit unseren Handlungen tun, findet bereits in einem brennenden Haus

statt. Und der Rauch ist weithin sichtbar, verätzt bereits schmerz-
voll unsere Augen und erstickt jährlich Millionen von Menschen.

Der Kern des ganzen Problems ist die Kategorie der abstrakten
Arbeit, die bei Marx als Substanz des Kapitals eindeutig negativ
bestimmt ist, aber im traditionellen Marxismus mit einer positiven Arbeitsontologie verbunden wurde. „Arbeit" erschien so
nicht als spezifisch kapitalistische Real-Abstraktion, sondern die
Substanz des Kapitals gleichzeitig als ewige Menschheitsbedin-
gung. Als eine solche wäre sie natürlich unerschöpflich. Für die so
hergeleitete Krisen-„Theorie" heißt das dann, dass eine innere
Schranke der Verwertungs-Substanz selber undenkbar ist und die
Krise ausschließlich auf der Ebene der zirkulativen Metamorpho-
sen und Disproportionalitäten des Kapitals bestimmt wird; nämlich als sogenannte „Reinigungskrise", die nur das gestörte Gleich-
gewicht der kapitalistischen Reproduktion wiederherstellt. So
wird auch die neue Welt-Wirtschaftskrise (seit 2007/08) wahrgenommen, und daher rührt letztlich auch die (linke) Übereinstimmung mit dem bürgerlichen Erwartungshorizont. Daraus wiederum resultiert eine Handlungsoption, die nur darauf abzielt, auf
die Restrukturierung des Akkumulations-Prozesses Einfluss zu
nehmen, diesen aber bereits voraussetzt und die Möglichkeit seiner historischen Erschöpfung von vornherein ausschließt.

Damit finden sich die Linken in einer allerdings falschen und der
Wirklichkeit nicht standhaltenden Übereinstimmung mit dem
Massenbewusstsein, die daher objektiv passiv und ohne Mobili-
sierungskraft bleibt. Die Verinnerlichung der kapitalistischen Kategorien als unhinterfragbare Existenzbedingungen hat einen lan-
gen historischen Vorlauf. Die klassische Arbeiterbewegung blieb
in ihren Zielsetzungen stets auf dem Boden der kapitalistischen
Daseinsformen und machte deren Substanz, die abstrakte Arbeit,
zu ihrer Legitimationsgrundlage. Aber diese Selbstlegitimation

bricht heute in der Dritten industriellen Revolution weg. Der globale Rückgang der mehrwertschaffenden Arbeiterklasse bildet nur die Kehrseite der substantiellen Krise des Kapitals. Die chinesischen Exportsektoren sind kein quantitativer Gegenbeweis, weil sie keine reale Mehrwert-Produktion zum Ausgangspunkt haben, sondern nur von den Finanzblasen seit den 1990er Jahren, also frisch von den Notenpressen erzeugtem Geld ohne jegliche Basis irgendeiner realen Mehrwert-Produktion generiert wurden. Deshalb geht die Anrufung eines „Klassenbewusstseins" auf Basis der realen Mehrwertschöpfung ins Leere. Die „Arbeit" hat ihre vermeintliche ontologische Sicherheit verloren. Sie ist demoralisiert; und zwar sowohl hinsichtlich ihrer verschwindenden kapitalproduktiven Quantität als auch wegen ihres zunehmend destruktiven, nicht mehr auf lebensnotwendigen Bedürfnis-Inhalten gründenden Charakters, wie auch im Zuge ihrer Prekarisierung. Ein Ausdruck dieser Demoralisierung ist es, dass der offizielle Slogan, „jede Arbeit sei besser als keine", im arbeitsontologischen Massenbewusstsein selber verankert ist. Daraus folgt das verzweifelte, jedoch zugleich hoffnungslose Wünschen, nur eine Wiederbelebung der Akkumulations-Dynamik könne noch Verbesserungen bringen. So erklärt sich auch die Wählbarkeit konservativ-liberaler Parteien bis in die restlichen Kernbelegschaften und selbst in die Population der Arbeitslosen und Überflüssigen hinein.

Eingriffsmächtige Gegenbewegungen mit traditionellem Streikpotential entstehen nur noch für Partikularinteressen in Schlüsselpositionen (Lokführer, Fluglotsen) oder sie bleiben als zu schwache Lobby-Vertretung auf der Strecke (Milchbauern). Die links motivierten Protestbewegungen mit ihrer verkürzten Kapitalismuskritik kommen nicht über symbolische Aktionen mit Event-Charakter hinaus. Andererseits mündet die etatistische Orientierung der politischen Linken in einer Beteiligung an der kapitalistischen Krisenverwaltung (Linkspartei in Berlin und anderswo). Die demokratischen politischen Parteien sind kaum unterscheidbar; jede kann mit jeder anderen nahezu problemlos koalieren. Allen ist gemeinsam, dass ihnen im Zusammenhang mit der kapitalistischen Endkrise (Globalisierung) ihr Staat gewissermaßen unterm Arsch wegschrumpft und ihnen damit immer weniger Eingriffs- und Regulierungsmacht zur Verfügung steht. Sie werden zunehmend nur noch zu Verwaltern dieses Wegschrumpfens degradiert. Das linksregierte Bundesland Thüringen schiebt mehr dort gelandete Flüchtlinge ab, als fast alle anderen deutschen Bundesländer. Die auch solchermaßen sichtbare unabweisbare Abwärtstendenz in der Krisenverwaltung wird eher in antisemitischen, rassistischen und sexistischen Ideologiebildungen verarbeitet. Ebenso kommt der Feminismus der jüngeren Geschichte in der Krisenentwicklung unter die Räder, weil der strukturell androzentrische (männlich zentrierte) Charakter der kapitalistischen Kategorien ausgeblendet bleibt und schon in der klassischen Arbeiterbewegung nicht reflektiert wurde. Gleichzeitig wissen die quantitativ dominierend gewordenen neuen Mittelschichten, dass das Interesse ihres prekär gewordenen qualifizierten Humankapitals von der Abschöpfung realer Mehrwert-Produktion und bei deren Ausbleiben von Staatskredit und Finanzblasen abhängig ist. Einerseits werden sie so zu Trägern der verkürzten, auf das Finanzkapital reduzierten Kapitalismuskritik; andererseits hoffen sie gerade auf dessen Wiederbelebung. So sind sie in hohem Maße schizophrene Wesen.

Ein bislang nicht sichtbarer allgemeiner Widerstand gegen die Krisenverwaltung ist nur möglich, wenn bis zu einem gewissen Grad die universelle Konkurrenz durchbrochen wird. Zweifellos müssen zunächst immanente Forderungen der Ausgangspunkt sein. Dazu gehören etwa ein ausreichender allgemeiner gesetzlicher Mindestlohn, eine drastische Erhöhung des Existenzminimums bei Transfereinkommen und ein Stopp des Ausverkaufs der öffentlichen Daseinsvorsorge in der Medizin und anderen Bereichen. Aber solche Forderungen sind *erstens* angesichts der Lage nicht mehr auf dem politischen Dienstweg zu erreichen. Die etatistische Orientierung im Massenbewusstsein wie in der globalen Linken ist ein Bremsklotz in dieser Hinsicht, weil auf diese Weise das Problem an den Staat delegiert wird. Dieser ist aber mit seinen Handlungsformen Politik, Recht und monopolisierter Gewalt nur die reziproke Seite des Kapitals. Nötig wäre stattdessen eine nicht mehr nur symbolische soziale Massenbewegung, die willens und in der Lage ist, den kapitalistischen Betrieb auch in der Krise lahmzulegen. *Zweitens*, und das ist das eigentlich Entscheidende, kann sich eine solche Bewegung nicht mehr vom Kriterium der kapitalistischen Finanzierungsfähigkeit abhängig machen, die eine gelingende Kapital-Akkumulation voraussetzt. Sie muss vielmehr die Lebensinteressen für unverhandelbar erklären und bewusst „verantwortungslos" gegenüber dem systemischen Finanzierbarkeits-Kriterium werden. Wenn sowieso die Inflationierung das Resultat der Krisenverwaltungs-Politik ist, was es für Dich zunächst zu erkennen gilt, kann nur darin Handlungsfähigkeit gewonnen werden. Das bedingt das Eingeständnis, dass die traditionelle Reform-Politik auf Basis der Kapital-Akkumulation bzw. unter Berufung auf deren Gelingen („Anteil am Wachstumserfolg") obsolet und nicht umsonst in sozial repressive Gegenreformen umgeschlagen ist. Damit ist allerdings auch eine linke Politik als Geburtshilfe und reformorientierte Besetzung einer restrukturierten Kapital-Akkumulation ausgeschlossen, denn Politik ist ihrem Wesen nach eine kapitalistische Handlungsform und konnte und kann somit gar nicht ohne ideologischen Etikettenschwindel antikapitalistisch besetzt werden. Politik ist stets das (kapitalistische) Problem, nie dessen (emanzipatorische) Lösung. Diese Lösung kann nur anti-politisch erkämpft werden. Für uns kann es sich nur um eine transitorische, also sich selbst beständig kritisierende, verändernde und so in ihren konkreten Formen immer wieder vorübergehende Welt-Bewegung handeln, die ein neues Bewusstsein von der Unhaltbarkeit der kapitalistischen Daseins-Bedingungen entwickelt und darüber hinausgehen will.

Damit steht allerdings auch die Neuerfindung des Sozialismus auf der Tagesordnung. Die Drohung, dass wir „auch anders können" und eine Gesellschaft jenseits des Kapitalismus anstreben, war in Wirklichkeit stets nur der Katalysator für eine Durchschlagskraft lediglich immanenter Forderungen. In der Vergangenheit wäre eine Welt-Wirtschaftskrise von der Dimension der Gegenwärtigen unvermeidlich Anlass für eine Aktualisierung des Übergangs zum Sozialismus gewesen. Wenn eine solche Zielsetzung für den Großteil der Linken heute undenkbar erscheint, hat das natürlich mit dem Untergang des staatsbürokratischen Real-Sozialismus zu tun. Dieses Ende wurde ja soeben noch am Rosenmontag als Durchbruch zur „Freiheit" zelebriert, dessen Unwahrheit die Linke wegen ihres blockierten „Arbeiterbewegungs"-Bewusstseins bis heute nicht kenntlich machen kann. Schon in der Ideologie der klassischen Arbeiterbewegung und erst recht unter den Zwängen einer „nachholenden Modernisierung" in der Peripherie des Weltmarkts reduzierte sich der Begriff des Sozialismus auf eine Verstaatlichung der kapitalistischen Kategorien (Planung der Verwertung des Werts), statt ihre Abschaffung ins Auge zu fassen. Das Scheitern dieser historisch bedingten Verkürzung wurde aber nicht kritisch, sondern affirmativ verarbeitet. Jetzt blamiert sich das „Ankommen" im Kapitalismus, dessen Kriterien (Selbstständigkeit der „Unternehmen", Zugeständnisse an die Konkurrenz, „Freiheit" der Preisbildung etc.) schon Gegenstand der realsozialistischen Reformen gewesen und in der westlichen Linken längst vor dem Untergang dieser Formation zum Paradigma einer Unüberschreitbarkeit der kapitalistischen Kategorien geworden war.

Deshalb hat nun die etatistische Orientierung der Linken auch nichts mehr mit der historisch verfallenen Zielsetzung der Schaffung eines „Arbeiterstaats" auf Basis der ontologisierten abstrakten Arbeit zu tun, sondern kapriziert sich heute ganz auf den bestehenden Staat, wie es die Sozialdemokratie schon in den 1920er Jahren vorgemacht hatte, um schließlich bei Godesberg und später bei Schröder und Hartz IV zu landen. Was übrig bleibt, ist einerseits ein pseudomarxistisch aufgemotzter Linkskeynesianismus, der nie etwas anderes als ein ideologisches „Rettungspaket" für die Kapitalverwertung war und von den kapitalistischen Institutionen in den 1980er Jahren abserviert wurde. Wenn dessen Revitalisierung von Teilen der Linken nun hoffnungsfroh für eine reformpolitische Neubesetzung reklamiert wird, ist das eine Illusion, denn der neue Krisenkeynesianismus kann nur die repressive Krisenverwaltung exekutieren und stellt nichts als eine Fortsetzung des Neoliberalismus mit anderen Mitteln dar. Die drängende Frage einer gesellschaftlichen Planung der Ressourcen erscheint nur in einer perversen Form als Verstaatlichung der Krise. Andererseits macht sich komplementär zum „linken" Krisenkeynesianismus das Programm einer „solidarischen Ökonomie" geltend, die am kapitalistischen Vergesellschaftungs-Zusammenhang (mit seinen hochentwickelten Produktivkräften) vorbei in partikularen Alternativstrukturen (kleinen Genossenschaften, selbstausbeuterischen Kommunen, Nachbarschaftshilfe, Schrebergarten-Subsistenz, regionalen Alternativwährungen usw.) die Illusion einer „anderen" Produktions- und Lebensweise auf der verbrannten Erde des Kapitals propagiert und ganz gewiss von der Krisenverwaltung vereinnahmt werden könnte. Ein weiterer Aspekt der zu kurz greifenden alternativen Orientierungen besteht darin, die alte Idee einer betrieblichen „Demokratisierung" wieder aufzugreifen. Eine betriebliche Mitbestimmung läuft aber unter Krisenbedingungen darauf hinaus, die Beschäftigten für das Bestehen in der Konkurrenz mitverantwortlich zu machen (Scheitern der besetzten Belegschaftsbetriebe am Markt in Argentinien, freiwilliger Lohnverzicht bei Opel und Arcandor...).

Alle diese Transformations- oder Sozialismus-Surrogate verfehlen grundsätzlich das Problem der „gesellschaftlichen Synthesis" durch die allgemeine Wert- und Warenform der Reproduktion, die überhaupt nur aufgrund der Warenform der Arbeitskraft existiert. Sie begeben sich, gewissermaßen in vorauseilendem Gehorsam, freiwillig auf ein ärmliches Lebensniveau, weit unter dem, was die Höhe des heute erreichten Standes der Produktivkräfte bereits für alle Menschen ermöglichte. Mit fortschreitender Welt-Wirtschaftskrise bliebe ihnen allein noch die Möglichkeit, andere solcher Surrogate zu plündern, die dortigen Menschen letztlich zu töten (weltweite Bürgerkriege) oder sich selbst freiwillig zu töten. Wer will schon solchen „Sozialismus"?

Ein neuer Sozialismus-Begriff kann nur gewonnen werden, indem die Verinnerlichung der kapitalistischen Daseinsformen von Warenform der Arbeitskraft, abstrakter Arbeit, Verwertungslogik und Warenform der Reproduktion durchbrochen wird! Historisch auf die Tagesordnung gesetzt wird eine gesellschaftliche Selbstverwaltung jenseits dieses Form- und Funktionszusammenhangs als bewusste Planung des gesamtgesellschaftlichen Ressourcen-Einsatzes (naturale Mittel, Technologie, Wissen), die nicht mehr auf Recheneinheiten abstrakter Arbeit beruht; einschließlich der Infrastrukturen und der bislang an die Frauen delegierten nichtwertförmigen Momente der Reproduktion. Eine solche weitergehende Zielbestimmung sozialistischer Transformation bedarf einer historischen Zeit ihrer Verankerung; aber gleichzeitig ist sie die Voraussetzung, um den Widerstand gegen die restriktive Krisenverwaltung überhaupt mobilisieren zu können. Sie kann in dem Maße praktisch einsichtig gemacht werden, wie der Verlauf der Welt-Wirtschaftskrise über das bisherige Ausmaß hinaus dazu führt, dass mangels Rentabilität, Konkurrenz- und Finanzierungsfähigkeit lebensnotwendige Ressourcen stillgelegt werden, obwohl die materiellen Mittel für deren Erhalt und ihre weitere Entwicklung vollständig existieren. Wenn die linke Kapitalismuskritik aus dem matten Rückzugsgefecht herauskommen und die Offensive zurückgewinnen will, muss sie diese (Erkenntnis-) Nuss knakken und über ihren historischen Schatten springen. Ansonsten ist ihr Weg in die Bedeutungslosigkeit vorgezeichnet, ohne Wenn und Aber, denn sie kann sich so, wie wir beständig sehen, nur eine Klatsche nach der anderen holen. Das ist zwar bitter und tut weh, ist aber zugleich die objektive Bestrafung für eine üble Denkfaulheit.

Denn solange sich der gar nicht so gesunde Menschenverstand stur der Erkenntnis verweigert, dass die immer neue Aufblähung von Finanzblasen nur die Kehrseite derselben Produktivkraftentwicklung ist, die immer mehr „abstrakte Arbeit" überflüssig macht, kann die Erfahrung der dichten Folge von Finanzkrächen und anderen Zerfallsprozessen stets nur ins dumpfe Ressentiment, also einer auf Vorurteilen, einem Gefühl der Unterlegenheit, von Neid oder Ähnlichem beruhende gefühlsmäßige, oft unbewusste Abneigung münden. Und diese Unbewusstheit des Massen-„Bewusstseins" lässt sich jeden Schmarren erzählen. Aber die Protagonisten aus Politik, Wirtschaft und sogenannter Wissenschaft handeln und schwafeln nur ebenso unbewusst. Irgendwie müssen sie im Interesse der Systemerhaltung irgendetwas zurechtschustern, das die Massen angesichts des wachsenden Elends ruhigstellt.

Denn das „business as usual" des demokratischen Ausgrenzungs-
imperialismus verlangt eben nach Konzepten, die irgendwie eine
praktisch mögliche Perspektive vorgaukeln sollen, und so verbinden sich die wolkigen ideologischen Statements des westlichen
Universalismus mit trügerischen, haltlosen Begrifflichkeiten von
„Wiederaufbau", „Normalisierung", „Wiedereingliederung in die
demokratische Völkergemeinschaft" usw. für die globalen Zusam-
menbruchs-, Plünderungs- und Bürgerkriegs-Regionen.
Das Wort, das sich dafür konzeptionell einstellt, inzwischen schon
inflationär geworden ist und von demokratischen Außenminis-
tern, Sonderbeauftragten, NGO-Häuptlingen und Medienkaspern
gewohnheitsmäßig abgeleiert wird, heißt „Marshall-Plan". Jene
Wirtschafts- und Finanzhilfe, die von der aufsteigenden Supermacht USA nach dem Zweiten Weltkrieg 16 europäischen Ländern, darunter dem zerstörten Deutschland zwecks Eingliederung
in die neue Front des Kalten Krieges gewährt worden war, wird
als leuchtendes Beispiel und ökonomisches Allzweck-Rezept ausgemalt, um für die Reintegration der ökonomisch verbrannten Zonen des Weltmarkts in „Marktwirtschaft und Demokratie" die
Idee einer Art Starthilfe zu verbreiten und so zu tun, als handelte
es sich dabei um ein bewährtes, jederzeit wiederholbares Mittel
der Hilfe für die „armen Verwandten". Von den damals insgesamt
ungefähr 13 Mrd. US-$ des Marschall-Planes erhielt Deutschland
etwa 10 Prozent, also vier Jahre lang (1948 bis 1952) je etwas über
300 Mio. $. (1950 betrug das BIP der BRD 49, 69 Mrd. DM).
Schon das historische Original ist also ein bloßer ökonomischer
Mythos, der aus Gründen des ideologischen Wohlverhaltens im
Sinne einer Westbindung der BRD erfunden wurde. In Wahrheit
kam dem Marshall-Plan kaum mehr als symbolische Bedeutung
zu. Der wirkliche Take-off des Nachkriegsbooms war die militärisch vermittelte Konjunktur des Korea-Kriegs; und das nachfol-

gende sogenannte Wirtschaftswunder speiste sich aus den immanenten Potentialen der Zweiten industriellen Revolution (Fordismus, „Automobilmachung", „Heimelektrik" usw.) zur erweiterten betriebswirtschaftlichen Vernutzung menschlicher Arbeitskraft. Der Marshall-Plan hatte damit gar nichts zu tun. Und nichts davon ist heute wiederholbar.

Die neue Weltkrise der Dritten industriellen Revolution besteht ja gerade darin, dass das kapitalistische Potential zur Absorption von Arbeitskraft unter dem Eindruck der neuen mikroelektronischen Produktivkräfte erlischt, dass deshalb immer neue Massen von „Überflüssigen" erzeugt werden und immer größere Gebiete der Erde aus der Weltmarktfähigkeit herausfallen.

Wir können und müssen unsere *gefühlsmäßige* Abneigung gegen diese „Entwicklung" zu einer qualifizierten und somit vollkommen *bewussten* Abneigung machen, wenn wir die Selbstvernichtung der Menschheit noch verhindern wollen. Das geht nur, indem wir einen ungeheuren Lernaufwand betreiben. Wir müssen lernen, dieses System Kapitalismus überhaupt erst einmal zu begreifen.[11] Erst mit diesem Wissen ist es uns möglich, herauszufinden, warum wir was genau ablehnen, was wir theoretisch und praktisch tun müssen, um einen Entwicklungs-Prozess einzuleiten, der dieses Gewalt-System rigoros vernichtet. Bei allem was wir hierbei unternehmen, stellt sich immer gleichzeitig die Frage des möglichen Übergangs, der praktischen Transformations-Bewegung,

---

[11] Hierbei wird dir die Lektüre des Buches „Kapitalismus – verstehen – abschaffen" von George Kaufmann gut helfen.

des berühmten *Herankommens*[12] an eine nicht-wertförmige Reproduktion, bevor sich diese dann auf ihrem eigenen Boden entwickeln kann. Zu fragen ist stets, wo und wie ist anzusetzen innerhalb der vorgefundenen und zunächst ja noch die gesamte Reproduktion beherrschenden kapitalistischen Gesellschaftsform, um in diese sozusagen von innen eine Bresche zu schlagen und aus ihr herauszukommen; also erste Schritte zu tun, einen formulierbaren Anfang der sozialen Emanzipation zu setzen.

Das sollte eigentlich zum behandelten Thema mein Schlusspunkt sein. Aber mein Empfinden ist an dieser Stelle so, als würde ich Dich mit diesem abrupten Schluss etwas hängen lassen. Daher will ich das Pamphlet nicht beenden, ohne Dir noch ein paar

praktische Hinweise im Schnelldurchlauf anzutun.

Erlange die Fähigkeit, den Kapitalismus rigoros ablehnen, also komplett alle seine Formen.

Diese Formen sind: *Abstrakte Arbeit, Ware, Wert/Mehrwert, Geld/Kapital, Markt/Tausch/Konkurrenz, geschlechtliche Abspaltung, Staat/Souveränität, Nation/Volk, Demokratie, Politik, Recht.*

Um das, also diese Ablehnung, zu erreichen, musst Du diese Formen begreifen. Denn Du kannst dieses Zwangssystem nur ablehnen, wenn Du es kennst und seine verheerenden Wirkungen durchschaust. Dazu musst Du Dich bilden, also zunächst viel lesen. Dafür benötigst Du Zeit, die Du Dir unbedingt verschaffen musst.

---

[12] Lies bitte zu diesen „ersten Schritten" von George Kaufmann das in hohem Maße instruktive Buch „Ist der Kapitalismus noch in Form?", denn es ist eine regelrechte Gebrauchsanleitung für die anstehenden, notwendigen und möglichen emanzipatorischen Schritte zur Überwindung des Kapitalismus.

Wenn Du nicht oder nur wenig „arbeiten" darfst, ist das für Dich in diesem Bildungs-Zusammenhang ein Vorteil, den Du gut nutzen kannst.

Wenn Du Kinder hast, ist das in mehrerlei Hinsicht gut: Sie sind es nämlich wesentlich, die den Kampf gegen dieses mörderische System ausfechten müssen. Ohne Bildung verlieren sie diesen Kampf nicht nur, sondern tragen selbst mit ihren Handlungen (wie auch Du bisher) zur Barbarisierung und der darauf folgenden Selbstvernichtung der Menschheit bei. Bildung hat nichts mit *Ausbildung* für einen Beruf zu tun; damit werden lediglich sogenannte Fachidioten geschaffen. Die Talente eines jeden Menschen gehen aber weit über das beengte Wissen, das eine Berufsausbildung vermittelt, hinaus. Bildung beginnt dort, wo es den Menschen möglich gemacht wird, die gesamtgesellschaftliche Entwicklung zu überschauen und möglichst all ihre Talente zu entwickeln. Innerhalb des kapitalistischen Systems besteht hieran jedoch keinerlei Interesse, denn wieso sollte es seine eigenen Kritiker/Totengräber erschaffen? Lehre Deine Kinder also das Lesen! Damit meine ich nicht schlicht Sätze entschlüsseln zu können, sondern Freude am Lesen und sich zu bilden zu haben. Lehre sie, Skeptiker zu sein, also an allem zu zweifeln und besseres zu erstreben. Hätte die Menschheit keine Skeptiker hervorgebracht, lebte unsere Spezies heute noch auf Bäumen. Verschaffe Deinen Kindern entsprechende Zeit und vielfache, möglichst radikale kapitalismus-kritische Literatur. Fange zum Beispiel damit an, ihnen jeden Tag eine Gute-Nacht-Geschichte vorzulesen. Möglicherweise findest Du das lächerlich; der will den Kapitalismus abschaffen und empfiehlt mir selbst und meinen Kindern das Lesen (!). Sei aber versichert, nur so geht das! Wer nicht liest, bleibt ungebildet und somit auf die gesellschaftliche Gesamtentwicklung bezogen regelrecht dumm. Internet mit Wikipedia, Facebook usw. können daran nichts ändern. Natürlich ist auch wichtig, *was* gelesen wird.

Lerne zu verstehen, dass die kapitalistischen Formen lediglich Fetische sind, der Kapitalismus also eine Fetisch-Gesellschaft ist. Schon Marx wusste das. Das heißt, wir alle dienen durch unser banales tägliches Tun nur Fetischen. Der Hauptfetisch ist das Geld. Indem wir beständig diesem Fetisch huldigen, halten wir den selbstzweckhaften ökonomischen Prozess des Systems aufrecht. Er besteht darin, aus Geld mehr Geld zu machen und unterwirft alle Menschen diesem irrealen Selbstzweck. Marx bezeichnete uns Menschen, egal an welchem Platz in diesem Zombie-System wir tätig sind, als Charaktermasken, als die Agenten die durch ihr Handeln in ihrer jeweiligen Funktion den Lauf der anonymen Maschine gewährleisten. Er stellte fest, dass diese Charaktermasken, um den Selbstzweck (mehr Geld) zu verwirklichen, Fanatiker der Selbstverwertung des Werts sein müssen. Und genau dieser Fanatiker bist Du. Denn Du findest es bisher absolut richtig, dass Du, wenn Du was essen willst, Geld haben musst. Und um es haben zu können, musst Du an irgendwen Deine Arbeitskraft gegen Geld verkaufen, der sie dann verwurstet. Tust Du das nicht, musst Du verhungern. So opferst Du dem Geldfetisch den überwiegenden Teil Deiner Lebenskraft. Glaube mir als dem, der das in seinem eigenen Leben erfuhr, es bedarf Deiner allergrößten Anstrengung (Lesen, diskutieren, beraten, streiten, weit vernetzen), diesen Fanatiker der Selbstverwertung des Werts aus Dir loszuwerden, ihn gewissermaßen auszukotzen, um begreifen zu können, dass sich anderenfalls die Menschheit selbstvernichtet und Du tatkräftig sogar daran mitwirkst; und zwar allein durch Dein ganz banales alltägliches (kapitalistisches) Handeln.

Erspar Dir das Schreien, Flehen und Betteln nach „Arbeit". Wie ich Dir zeigen konnte, verschwindet sie in unvorstellbarem Ausmaß durch den in höchstem Maße mit der Anwendung der Mikroelektronik rationell gewordenen Kapitalismus selbst. Dein Flehen kann also nicht helfen, sondern Du und ich und alle müssen alles

daransetzen, dieses Mördersystem selbst endlich zu durch-
schauen und es schließlich *aufzuheben.* Ein in seiner Mehrdeutig-
keit gutes Wort. Aufheben nämlich einerseits im Sinne von *bewahren.* Zu bewahren ist der Entwicklungsstand der Produktivkräfte, nicht jedoch deren kapitalistisch verhunzte Formen. Große
Teile davon könnten wir in einer nachkapitalistischen neuen Gesellschaft gar nicht gebrauchen. Das bezieht sich nicht nur zum
Beispiel auf die Erzeugnisse der gesamten Waffenproduktion, der
Nuklearindustrie oder des Automobilbaus, sondern in gleichem
Maße auf alle zur Sicherung des Geld-Fetischs eingesetzten Ressourcen. Allein letztere umfassen nahezu 80 Prozent all unserer
technischen und menschlichen Anstrengungen.

Andererseits fassen wir „aufheben" im Sinne von *abschaffen/ver-
schwinden lassen.* Du musst auf der Basis Deines neuen Wissens
mit daran wirken, dass eine weltweite Massenbewegung entstehen kann, die verbreitet insbesondere solche ökonomischen Voraussetzungen (Keimformen) schafft, die es schließlich ermögli-
chen, die kapitalistischen Formen (Fetische) restlos abzuschaffen
bzw. sie gewissermaßen verdorren zu lassen. Hier führe ich sie
noch einmal auf: *„Arbeit", Ware, Wert/Mehrwert, Geld/Kapital,
Markt/Tausch/Konkurrenz, geschlechtliche Abspaltung,
Staat/Souveränität/Nation/Volk, Demokratie, Politik, Recht.* Insgesamt ergeben sie den kapitalistischen Formzusammenhang
und haben die Dritte industrielle Revolution (Entwicklung und Anwendung der Mikroelektronik) hervorgebracht, die nun zum To-
tengräber des Kapitalismus wird und andererseits überhaupt erst
die Möglichkeit in sich trägt, den Kapitalismus zu liquidieren und
eine neue emanzipierte, erstmals wirklich freie Gesellschaft zu
formen, die das Fetisch-System zerbricht und weit über es hinaus-
führt.

Ich will hier für Dich noch einmal nachdrücklich herausstellen, dass es sich bei den aufgezählten Formen ausschließlich um *kapitalistische* Kategorien handelt, die erst mit diesem System zum alleinigen Zweck seiner immer weiteren Durchsetzung entstanden. Es sind also keine feudalistischen, sozialistischen oder gar kommunistischen Kategorien. Daraus ist natürlich auch zu schlussfolgern. Was aber? Wann immer ich eine dieser Kategorien einfordere, bleibe ich logisch stets immanent, fordere ich also nichts als Kapitalismus. Zwar einen irgendwie anderen, „besseren", aber es bleibt Kapitalismus mit seinem ihm immanenten Gewaltpotential. Immer wird so nur ein kapitalistisches Ideal gegen die kapitalistische Wirklichkeit angerufen oder geltend gemacht. Wenn Du das für Dich als Erkenntnis verbucht hast, ist Dein innerer kapitalistischer Schweinehund schon nur noch ein Schoßhündchen. Denn zugleich wird damit auch klar, dass Du mit Forderungen innerhalb dieser kapitalistischen Kategorien selbstverständlich keine fundamental andere Gesellschaftlichkeit, zum Beispiel noch nicht einmal wieder eine feudalistische oder gar sozialistische anstreben kannst. Mit Forderungen innerhalb einer kapitalistischen Kategorie kannst Du das System nicht abschaffen, sondern nur seine Oberfläche verändern; das System bleibt jedoch mit den/seinen Kategorien erhalten, denn sie entstanden ja, wie eben aufgezeigt, erst mit dem System der Verwertung des Werts und ausschließlich zu dem Zweck, dieses System überhaupt und immer weiter durchzusetzen. Die Heros der sogenannten Aufklärung (Thomas Hobbes 1588-1679; Bernard Mandeville 1670-1733; Adam Smith 1723-1790; Immanuel Kant 1724-1804; Marquis de Sade 1740-1814; Jeremy Bentham 1749-1832; Wilhelm Friedrich Hegel 1770-1831) waren nur die ideologischen Erfüllungsgehilfen bei der Durchsetzung dieses Systems. Willst Du es aber abschaffen, musst Du seine Kategorien abschaffen. Du musst sie also rigoros negieren und für Deine Handlungen komplett andere Institutionen schaffen. Das setzt Deinen *Willen* zu dieser Abschaffung voraus. Diesen bekommst Du nur, wenn Du dieses System, seine Formen und Wirkungen kennst und durchschaust. Also lies die entsprechende Literatur, verbünde Dich mit Menschen, die ebenfalls die Abschaffung wollen, weil sie die ihnen vom System aufgezwungenen Lebensumstände grundlegend satthaben. Da die kapitalistischen Kategorien nahezu komplett Fetische sind, könnten wir sie mit einem kategorial veränderten Bewusstsein auch gut abschaffen bzw. sie einfach leerlaufen und so ausbluten lassen.

Mit Fetischen ist das so eine Sache. Sie werden installiert, indem zunächst irgendeine Obrigkeit, ein „Denker" oder Geschichten-Erfinder erzählt oder aufschreibt, woran die „dummen" Massen zu glauben hätten und mit entsprechend gewalttätigem, auch ideologischem Nachdruck wird ihnen das auch eingebläut. Fetische und Rituale werden fürs Glauben unbedingt benötigt. Bei der Findung und Erfindung solcher Fetische und Rituale sind die Protagonisten nie verlegen. Das war und ist in den Kirchen, Domen, Moscheen, Tempeln... nicht anders als in unserer säkularen Fetisch-Gesellschaft.

Allein 14 Kirchgemeinden beanspruchen zum Beispiel heute den Besitz von Jesus' Vorhaut, eines der größten „Wunder" der katholischen Kirche. Für die Gläubigen ist solche Schwindelei jedoch vollkommen unbedeutend. Sie glauben, was ihnen zunächst gewaltsam eingetrichtert wurde, inzwischen inbrünstig aus freien Stücken. Sie wollen das. Sie sind Fanatiker Jesu und würden auch einen versteinerten Scheißhaufen anbeten, wenn ihnen jemand (meist ein Mummenschanz- oder hoher Amtsträger) mit ernster Miene und oftmaligen Wiederholungen sagte, dass den irgendwann mal Jesus geschissen hat; „heilige" Scheiße!

Mit den kapitalistischen Fetisch-Formen ist das nicht anders. Nachdem die „Arbeit" (sie ist sowohl dem Inhalt als auch der

Wortbedeutung nach die verallgemeinerte Knechtstätigkeit, also ein Zwangsverhältnis) über Jahrhunderte hinweg in unsere Vorfahren hineingeprügelt, hineingefoltert und hineinpädagogisiert wurde, haben wir nun diese Tätigkeitsform so verinnerlicht, dass wir sie heute vermeintlich freiwillig und sogar gerne tun. Und wenn sie uns weggenommen wird, schreien wir verzweifelt nach ihr; wir beten sie an, sind ihr hörig geworden.[13]

Fischen wir uns hier einmal beispielhaft die Fetische „Wert" und „Mehrwert" heraus. Sie existieren gar nicht sinnlich-real, sondern gewissermaßen nur als Hirngespinst; um sie „real" werden zu lassen, müssen wir sie uns denken. Denn kein Chemiker, Physiker, Biologe... der irgendein Produkt bis in seine kleinsten Bestandteile zerlegt und mit noch so raffinierten Methoden untersucht, kann jemals darin eine Substanz finden, die sich als Wert erkennen ließe. Während sich der Gebrauchswert eines Produkts sinnlich in seiner Nutzung erfahren lässt, ist das beim Wert und Mehrwert nicht gegeben. Beides sind lediglich imaginäre Begriffe; wir müssen sie also ebenso halluzinieren, wie das bei allen Fetischen notwendig ist. Genau das tun wir ständig. Ihr Maß ist die „Arbeits"-Zeit und ihr Ausdruck das Geld. Wenn wir den Kapitalismus abschaffen wollen, müssen wir zuerst unseren oben beschriebenen Fanatiker herauswürgen. Leicht wird das nicht, aber ohne diese Anstrengung sind wir ohnehin nur noch Tote auf Urlaub.

Oder siehe den Fetisch „Demokratie". Dem griechischen Wortstamm nach heißt das „Volksherrschaft". Wäre jedoch Demokratie Volksherrschaft, gäbe es sie logischerweise gar nicht. Denn

---

[13] Ich kann mir vorstellen, dass Du die weiter oben empfohlenen Bücher von George Kaufmann oder auch wesentliche Teile des literarischen Werks von Robert Kurz möglicherweise bereits kennst oder ihre Lektüre noch nachholst. Anderenfalls wirst Du diese hier knappen Ausführungen nur schemenhaft verstehen. Es ist so, als wenn Du vom großen Einmaleins liest, jedoch bisher lediglich das kleine kennst.

über wen, bitteschön, sollte das Volk herrschen? Über sich selbst? Herrschen könnte „das Volk" doch nur über jemanden, der nicht zum „Volk" gehört. Wer sollte das aber sein? Das Wort hatte nur seine Berechtigung im alten Griechenland, als zum „Volk" weniger als fünf Prozent der Menschen gehörten, die über die „restlichen" mehr als 95 Prozent herrschen konnten. Heute haben die, die beständig nach mehr Demokratie oder besserer Demokratie rufen, keinen blassen Schimmer davon, wonach sie eigentlich rufen. Sie sind nur Maulhelden. Demokratie im heutigen Sinne ist nur eine ideologisch bornierte bunte, schillernd-karnevalistische Verkleidung der Handlungsformen des Staates (Politik, Recht, monopolisierte Gewalt) und meint konkret nichts anderes, als Rede-, Presse- und Versammlungsfreiheit plus freie Wahlen. Damit kann aber der Kapitalismus als solcher in keiner Weise angegriffen werden, denn seine Grundkategorien Verwertung des Werts, abstrakte Arbeit, Ware, Geld, Konkurrenz usw. sind der sogenannten Demokratie unabhängig von einem Wahlergebnis stets vorgelagert und stehen somit niemals zur Wahl. Insofern ist ein Volksbegehren oder eine Volksabstimmung nicht demokratischer als eine banale Vertreterwahl. Den Kapitalismus können wir also nur anti-demokratisch abschaffen, denn Demokratie ist nicht die Lösung, sondern das Problem. Sie schuf den Faschismus und National-Sozialismus ebenso wie den heutigen globalen Kapitalismus, der auf dem Weg ist, die Erde zu barbarisieren und die Selbstvernichtung der Menschheit herbeizuführen.

Durch Wahlen kannst Du also den Kapitalismus keineswegs abschaffen. Mit Wahlen bleibst Du immer (!) *im* System.

Ebenso verhält es sich mit der Fetisch-Kategorie „Staat". Staaten entstanden erst mit dem Beginn der Durchsetzungsgeschichte des Kapitalismus. Im Zusammenhang mit der vor Jahrhunderten ins Unermessliche gestiegenen Feuerwaffen-Produktion, deren

Anwendung in grausamen und immer verheerenderen Kriegen und die damit verbundene Schaffung riesiger von der Gesellschaft losgelöster stehender Heere, deren Versorgung und Logistik wurden zentrale Strukturen (letztlich Staaten) immer notwendiger. Als Handlungsformen des Staates bildeten sich notwendig Politik, Recht und das Gewaltmonopol heraus. Das zentrale Moment moderner Staatlichkeit ist die Souveränität. In dem Maße jedoch, wie der pseudo-naturgesetzliche Systemzwang selber in der Dritten industriellen Revolution immer größere Menschenmassen für die „Arbeit" überflüssig macht und sich dieser Prozess durch die finanzkapitalistisch (blind) gesteuerte Globalisierung des Kapitals dramatisch verschärft, stößt nicht nur die weitere Kapitalakkumulation (die ja auf einer ständigen Steigerung in der rentablen Vernutzung abstrakter Arbeit beruht) an objektive historische Grenzen. Gleichzeitig mit der Substanz des Kapitals („Arbeit") löst sich damit notwendigerweise auch die Substanz der Souveränität (Staat) samt des daran gebundenen politisch-juristischen Systems der „Rechte und Freiheiten" auf; denn „Arbeit" und Staat sind die sich bedingenden zwei Seiten der „Medaille" Kapitalismus – und sonst nichts. Und wie das so ist, gehören stets beide Seiten zu einer Medaille. Verschwindet die eine, egal welche, tut es notwendigerweise auch die andere.

Durch die anhaltende Transnationalisierung des Kapitals (Stichwort: Globalisierung; die großen Betriebswirtschaften ziehen sich beständig weiter aus den Nationalstaaten zurück) werden die Staaten zunehmend geschwächt, verlieren ihre politische Gestaltungsmacht und zerfallen täglich für uns alle sichtbar in Formen qualvoller Prozesse. Als Beispiele nenne ich hier Somalia, den Tschad, Äthiopien, Eritrea, den Sudan, den Südsudan, den Jemen, Libyen, den Irak und Syrien. Die Reihe der bereits betroffenen Gebiete ließe sich fortsetzen. Selbst solche Abspaltungs-Bewegungen wie zum Beispiel in Spanien, Belgien, Portugal, Großbritannien oder der Türkei sind Ausdruck dieser Tendenz. So können wir die Gewaltausbrüche des Kapitalismus unserer Zeit auch als „Entstaatlichungskriege" bezeichnen. Mit dem Staat verschwinden natürlich auch die an den Staat gebundenen kapitalistischen System-Formen ebenfalls (Recht, Politik, Gewaltmonopol, Demokratie, Nation, Volk, Souveränität). Die Erosion des gesamten kapitalistischen Funktionszusammenhangs ist vorprogrammiert. Du kannst es also täglich sehen und musst die zugrundeliegenden Zusammenhänge nur noch begreifen. Und was ist so schwer daran?

Was aber bedeutet das nun für das Kapital selbst? Es wird mit der verschwindenden „Arbeit" seiner Substanz beraubt. Besser: es beraubt sich durch seine beständig steigende Rationalität selbst seiner Substanz. Warum? Weil es für seine Verhältnisse zu rationell geworden ist. Damit entsteht eine Krise der Verwertungsbeziehungen; keine „Arbeit" –> keine Verwertung. Und wir können diesen logischen Faden fortspinnen: Keine Verwertung, also keine Mehrwert-Produktion –> kein Staat, denn wovon sollen seine Apparate leben?; kein Staat –> keine Souveränität, kein Recht, keine Politik, keine Demokratie, keine „Nation", kein „Volk", kein Gewaltmonopol, sondern die Gewalt „verflüssigt" sich. Solange Du den Kapitalismus willst und mit Deinem Tun innerhalb seiner Formen bleibst, sorgst Du selbst dafür, dass die genannten gewaltsamen Wirkungen entstehen, ob Du diese nun konkret willst oder nicht; denn die Formen wirken gewissermaßen blind bzw. automatisch. Die Krise entsteht auch dann, wenn alle das *nicht* wollen. Marx nannte es das „automatische Subjekt", Adam Smith sprach von der „schönen Maschine" und Wilhelm Friedrich Hegel vom „Weltgeist". Die kapitalistischen Inhalte (Produktivkräfte) sind für die kapitalistischen *Formen (Wert, Ware, Geld..., geschlechtliche Abspaltung, Staat, Souveränität, „Nation"... Recht, Politik, „De-*

mokratie") einfach viel zu groß geworden und drängen das System unter ständig zunehmender Gewalt in den Abgrund. Na dann ist doch die Lösung einfach, wirst Du vielleicht meinen. Dann verkleinern wir doch die Produktivkräfte, damit sie wieder in die kapitalistischen Formen passen. Aber das ist Nonsens. Der Kapitalismus kann niemals in eine seiner Vergangenheiten zurück. Denn das allgemeine Wissensaggregat ist nicht hintergehbar; so können wir nicht zum Beispiel in die Zeit des Hakenpflugs oder der Dampfmaschine zurück und die Mikroelektronik einfach vergessen. Und wieso sollten wir das eigentlich wollen? Allein die Konkurrenz, die ja diese riesigen Produktivkräfte überhaupt hervorgebracht hat, erzwingt unabdingbar, sie immer noch weiter zu entwickeln, um am Markt mithalten zu können.

Es wird insgesamt eine sehr harte Nuss zu knacken sein, um diese vollkommen unbewusste Unterwürfigkeit nahezu aller Menschen unter die kapitalistischen Fetisch-Kategorien zunächst bewusst zu machen und schließlich abzuschaffen. Denn schau Dir an, was bereits der spätromantische Historiker und Schriftsteller Thomas Carlyle (1795-1881) zu sagen hatte, indem er die umstürzlerischen Empörungen der damaligen „arbeitenden Armen" auf die mangelnde Führungskraft und Fürsorge der liberalistischen Industrieherren zurückführte:

>Was sind alle Emeuten und Ausbrüche der Volkswuth? Brüllen, unartikuliertes schreien, wie eines stummen Wesens in Wuth und Qual: dem Ohre der Weisheit klingt es wie unartikuliertes Flehen: „Führe mich, regire mich! Ich bin toll und elend, und kann mich nicht selber führen!" Fürwahr: unter allen „Menschenrechten" ist dieses Recht des unwissenden (!) Menschen, von den Weiseren geführt, mild oder gewaltsam von ihm auf der rechten Bahn gehalten zu werden, das unveräußerlichste. Wenn Freiheit einen

Sinn hat, so bedeutet sie den Genuss dieses Rechts, - und das fasst den Genuss aller Rechte in sich< (Carlyle, zit. nach: Adler 1897, 9).

Schau Dir heute die immer mal wieder stattfindenden PEGIDA-Demos (patriotische Europäer gegen die Islamisierung des Abendlandes), deren Zerfallsprodukte und Derivate an, so stellst Du leicht fest, dass sich das gesellschaftliche Bewusstsein seit über 200 Jahren kaum verändert hat, eher noch flacher wurde. Diesen Demonstranten und mittlerweile auch nicht nur vielen AfD-Wählern ist unwohl, sie spüren, dass die Entwicklung einen schlimmen Verlauf nimmt und sich „etwas" ändern muss. Sie haben jedoch keine Ahnung davon, was dieses „etwas" sein könnte und wenden sich an die Politik als Obrigkeit mit dem Ruf „Führe mich, regire mich! Ich bin toll und elend, und kann mich nicht selber führen!" Und damit das gelingen kann, fällt ihnen nicht etwa ein, das kapitalistische Selbstzwecksystem, das ja diese Verhältnisse überhaupt hervorbringt, zu kritisieren und in Frage zu stellen, sondern dass dafür ein fremdes Böses bekämpft werden muss. Und als solches Böses machen sie derzeit den Islam aus, der ihnen vermeintlich im Wege steht. Also weg mit diesen Andersgläubigen; raus aus Deutschland. Am besten gehen gleich alle übrigen „Ausländer" mit. „Macht die Grenzen zu"; „Deutschland den Deutschen". „Gebt uns Arbeit". Sollen die Anderen doch verrecken, sind sowieso nur faule Schweine. Sie begreifen nicht, dass „die Islamisten" eigentlich ihre im Geiste besten Freunde sind. Denn sie wehren sich wegen ihres kapitalistischen Abgehängtwordenseins in der ökonomischen Welt-Peripherie nur ebenso unwissend und verblendet. Und auch dafür muss ein fremdes Böses verantwortlich gemacht werden. Für die sogenannten Islamisten (nicht verwechseln mit der viele Millionen zählenden absoluten Mehrheit der Muslime) sind dieses fremde Böse die „Ungläubigen" (so bezeichnen sie alle Nicht-Muslime und nichtgewaltträchtigen Muslime). Vor allem sind das für sie beliebige Menschen aus den kapitalistischen Welt-Zentren. Und fragen wir nach einem Unterschied, so liegt er lediglich manchmal in der Gewalt- und Tötungsmethode: Während hier immer mal wieder ein paar nicht „arisch" aussehende Menschen beschimpft, gehetzt, erstochen, erschossen und verbrannt werden, zeigen sie uns dort immer mal wieder das nur ebenso primitive Köpfen, während sie ansonsten mordend ganze Dörfer und Städte verwüstet haben und stets aufs Neue danach streben. Beides sind blinde Zerfallserscheinungen des Kapitalismus, wovon ihre Protagonisten allerdings keinerlei Bewusstsein besitzen und so ihr tendenzielles und teils bereits reales Barbarentum nicht einmal selbst erkennen können, es vielmehr für eine revolutionäre Tat halten.

Rufe also nicht nach der Politik oder verlange gar „Führe mich, regire mich! Ich bin toll und elend, und kann mich nicht selber führen!" Denn Du könntest es! Lehne Politik grundlegend ab; werde antipolitisch. Politiker sollen Dir den Buckel runterrutschen. Alle (!). Angesichts der vor unseren Augen ablaufenden Endkrise des Kapitalismus, wovon die Protagonisten allerdings keinen Schimmer haben, weil sie ihn nicht haben *wollen*, geht es in der Politik und den Politikern ausschließlich nur noch um die Erhaltung dieses mörderischen Systems. Und auch das ist ihnen keineswegs bewusst. Letztlich finden sie dafür aber, kapitalistisch bedingt notwendigerweise, jedes Gewaltmittel recht. So kann es für Dich nur heißen: Gründe keine Partei. Werde nicht Mitglied einer Partei. Reagiere ablehnend, wenn von Politik, anderer Politik, besserer Politik geredet wird. Und vor allem, gehe nicht wählen. Politik ist ja, wie ich Dir zeigte, grundsätzlich nichts als eine Handlungsform des Staates, um nach außen (Staat, Nation, Souveränität) abzugrenzen und eigene Machtansprüche dorthin gegebenenfalls gewaltsam durchzusetzen und nach innen den irrealen Selbstzweck des „Geldmachens" zu sichern also das Menschenmaterial dafür zu domestizieren und zu verwalten. Politik ist folglich von ihren Anfängen bis heute nichts als Gewalt, auch wenn wir Marktidioten alles mit uns vermeintlich „freiwillig" machen lassen. Sie ist niemals eine Lösung, sondern stets das Problem. Und alle paar Jahre kannst Du sogar Deine eigenen Schweinetreiber/ Dompteure/ Folterer/ Henker wählen. Tu das nicht! Stell Dir vor, es ist Wahl und niemand geht hin. Stell Dir vor, die Beteiligung bei der nächsten Wahl läge vielleicht noch bei 10 bis 15 Prozent und die „Stimmen" müssten sich 7 oder auch 30 Parteien teilen. Sie würden natürlich niemanden mehr repräsentieren. Selbst wenn alle „Stimmen" nur auf eine Partei fielen, wäre das so. Das politische System erlebte seinen Kollaps. Aber das wäre nur eine Vorwegnahme, denn wie Du ja bereits sehen kannst, schafft der Kapitalismus selbst schon die Staaten ab und damit auch deren Handlungsformen, wozu auch die Politik gehört. Keine Politik bedeutet auch keine Wahlen. Und Du bräuchtest noch nicht einmal irgendetwas dafür zu tun, sondern könntest Dir einen komplett entspannten Sonntag gönnen. Entscheidend dabei ist jedoch, aus welchem Wissen heraus Du nicht mehr wählst, welches Deine Alternativen sind. Denn was soll stattdessen geschehen? Nicht zu wählen, ohne eine andere gesellschaftliche Perspektive, beschleunigt und vermehrt nur die Gewalt.

Alle (!) kapitalistischen Strukturen sind vertikal aufgebaut. Das bedeutet, es gibt immer ein Oben und Unten, Herrscher und Beherrschte, Unternehmer und Unternommene, Eliten und Fußvolk... Im Endeffekt geht es stets um Macht. Deren Erscheinungsformen sind Herrschaft und Knechtschaft. Dies sind also die zwei Seiten der Medaille „Macht". Verschwindet die eine Seite, ... Hieraus kann nur geschlussfolgert werden, dass der Kapitalismus nicht durch die Schaffung anderer vertikaler Strukturen abgeschafft werden kann. Denn vertikale Strukturen schaffen immer Macht-verhältnisse. Alle den Kapitalismus abschaffenden und über ihn hinausweisenden Strukturen dürfen also nicht vertikal, sondern müssen und können nur horizontal aufgebaut sein. Für solche kennen wir heute die Namen Räte, Runde Tische, Komitees.

Vertikale Strukturen bedingen also stets ein „Oben" und „Unten". Dabei geht es in erster Linie um die Kategorien „Eigentum" und „Konkurrenz". Wann immer wir es mit diesen Kategorien zu tun haben, finden wir *notwendigerweise* zugleich auch die Unter-Ka-tegorien „Ränkespiel", „Betrug", „Verrat", „Korruption", „Böswil-ligkeit", „Hinterlist", „Gewalt", „Mord" und „Totschlag" als Nor-malität vor. Und zu dieser Normalität gehören dann notwendig auch solche Erscheinungen wie Anbiederei, Denunziation, Her-vortun, Unterwürfigkeit, Verrat, Duckmäusertum, Überheblich-keit, Egoismus, Rassismus, Feindschaft, Hass, Misstrauen... Je ra-dikaler die Macht, desto ausgeprägter entwickeln sich solche Er-scheinungen. All diese Erscheinungen können nicht eliminiert werden, indem gegen sie vorgegangen wird (zum Beispiel Korrup-tion). Das gelänge nur, wenn die Systemstruktur (Vertikalität) selbst vernichtet und damit Macht (und all ihre Erscheinungen) verunmöglicht wird.

Hiervon unabhängig durchläuft die kapitalistische Ökonomie jetzt ihre historische Krise (grob geschätzt im Lauf dieses und des kom-menden Jahrzehnts). Damit ist der gesamte kapitalistische Form-zusammenhang obsolet. Wir müssen ihn deshalb zerstören, be-vor er uns zerstört.

Was gedenkst Du nun zu tun?

Egal, was das sein wird, ich kredenze Dir hier quer durch den System-Garten noch ein paar theoretische

Gedankensplitter[14]

- **Dampfplauderer**
  Der akademischen Linken und dem Bewegungsbewusstsein steht kein Instrumentarium zur Verfügung, um den Charakter des weltökonomischen Absturzes erklären und analysieren zu können.

  Es handelt sich unter Einschluss der Linken um eine Denkbarriere des bürgerlichen Bewusstseins, das sich an den „objektiven Daseinsformen" und damit an den „objektiven Gedankenformen" der Wertvergesellschaftung umso mehr festkrallt, je deutlicher deren historische Obsoletheit in Erscheinung tritt.

  Die weltweit aufwallenden antisemitischen, rassistischen und sexistischen Krisenideologien der projektiven Ausgrenzung können so auch nur gegeneinander ausgespielt und in unterschiedlichem Grade verharmlost werden.

  An die Stelle von Theoriebildung, die diesen Namen verdient, soll in der linken Szene- und Medien-Landschaft offenbar endgültig das unverbindliche und theoretisch weitgehend begründungslose Meinungsgeplapper des Blogger-Unwesens treten. Die Einbildung, sich von objektiven

---

[14] Hierzu passen u.a. ganz ausgezeichnet auch die Texte der 12 Thesen, die Robert Kurz am 14. November 2009 zur Konferenz des marxistischen Forums Sachsen vorlegte.

Kriterien emanzipiert zu haben, darf die gepflegte Ignoranz in der Weltkrise zieren; zumindest solange man sich
gleichzeitig einbilden möchte, selber ungeschoren davonzukommen.

Wenn es sowieso um nichts mehr geht, weil alles bloß
Konstrukt ist, dann erhebt sich für die Flexi-Individuen die
allgemeine Anforderung, wechselseitig ihre inhaltslose
Meinungssouveränität „anzuerkennen" und jeglichen
„Kampf um Wahrheit" zu stornieren. „Gut, dass wir dar-
über geredet haben".

Allerdings wird die theoretische und praktische Ignoranz
weder den Alltagsmenschen noch ihren diversen Ideologen mehr helfen, sobald die persönlichen Lebensverhält-
nisse unter die Räder kommen. Große Krisen sind immer
auch gesellschaftliche Konfliktlokomotiven auf allen Ebenen und in allen Zusammenhängen. Die unter dem Deckel
gehaltenen Widersprüche brechen auf, auch bei den Ver-
nebelungs- und Verharmlosungskünstlern selbst.

- **Herauszufindende Keimformen**
  Der Bruch mit der kapitalistischen Interessenform, die
  man nicht ablegen kann wie ein Hemd, ist nur durch eine
  Transformation des sozialen Interessenkampfes selbst
  möglich, nicht durch dessen abstrakte Negation. Es bedarf
  einer komplexen historischen Gegenvermittlung, um die
  in Jahrhunderten ausentwickelte destruktive Reprodukti-
  onsform der „Verwertung des Werts" (Marx) aufzurollen.
  Dazu gehört, dass *soziale Bewegungen* nicht mehr den
  aussichtslos gewordenen politischen Dienstweg gehen,
  sondern sich außerparlamentarisch formieren. Notwendig

ist es auch, den immanenten sozialen Interessenkampf und Widerstand gegen die kapitalistische Krisenverwaltung mit Momenten eines Lebens jenseits von „abstrakter Arbeit", Warenform und Geld anzureichern. Das wäre herauszufinden.[15]

- **Gesellschaftliche Vogelperspektive**
  Wenn eine Gesellschaftsordnung den Katalog ihrer Anforderungen permanent verschärft, wie Du das heute weltweit täglich erlebst, und immer mehr Menschen ausgrenzt, ist dies ein Indiz dafür, dass sie in ihrer grundsätzlichen Verfasstheit als Produktions- und Lebensweise an immanente Grenzen stößt. Es handelt sich also um eine strukturelle Krise der basalen Formen ihrer Reproduktion, die normalerweise blind vorausgesetzt werden. Deshalb kann die Krise als gesamtgesellschaftliches Problem von keinem einzelnen Standpunkt einer spezifischen Tätigkeit, eines besonderen Interesses oder einer partikularen Institution aus erklärt und bewältigt werden. Von „gefährlichen", „veränderten", „ schwierigen", „schnelllebigen", „unsicheren", „komplizierten"… Zeiten zu schwafeln, reicht nicht aus, die tatsächlich vonstattengehende Entwicklung zu verstehen, sondern verweist auf die intellektuelle Blindheit der Protagonisten in allen Bereichen; sie ahnen zwar dunkel die sich abspielende Weltkatastrophe, haben jedoch von den obwaltenden Zusammenhängen

---

[15] Hierzu findest Du Entscheidendes mehr bei George Kaufmann (2017). Stichwort Keimformen.

keinerlei Wissen. Es bedarf gewissermaßen der gesellschaftlichen Vogelperspektive, um in der „neuen Unübersichtlichkeit" (Habermas) eine Orientierung zu finden.

- **Das Kapital „rentabelt" sich zu Tode**
  Allen durch das sogenannte Wirtschaftswunder genährten positiven Erwartungen machte jedoch seit den 80er Jahren die Dritte industrielle Revolution (Mikroelektronik) einen dicken Strich durch die Rechnung. Schon immer war dieselbe Produktivkraftentwicklung, die in der Nachkriegsgeschichte des Fordismus so große Erfolge erzielte, gleichzeitig auch die Bedingung der Krise. Denn je größer die Produktivität, desto geringer die „Arbeitssubstanz" pro Ware und desto geringer daher deren Wert/Mehrwert, auf den es doch im Verwertungsprozess allein ankommt. Dieser Widerspruch entsteht dadurch, dass die einzelnen Betriebswirtschaften nicht unmittelbar denjenigen Mehrwert auf dem Markt „realisieren", der in ihren eigenen vier Wänden erzeugt wurde, sondern immer nur einen Teil des gesamtgesellschaftlichen Mehrwerts. Dieser Anteil wird durch die Konkurrenz bestimmt, und in ihr ist ein Unternehmen umso erfolgreicher, je billiger es anbieten kann. Das Mittel dafür ist eben die Steigerung der Produktivität. Auf diese Weise treten jedoch gesellschaftlich Mittel und Zweck in Widerspruch: Ein Unternehmen kann sich einen umso größeren Teil des gesamtgesellschaftlichen Mehrwerts aneignen, je mehr es durch Produktivkraftsteigerung dazu beiträgt, die Wertproduktion als solche auszuhöhlen und zu untergraben.

Seither hat sich die Krise bis tief in die westlichen Zentren vorangefressen. Immer mehr Menschen werden „unrentabel" und ausgegrenzt; überall veröden ganze Landesteile, während sich die Betriebswirtschaft auf einem schrumpfenden Terrain der Rentabilität globalisiert. In nahezu allen Industriebereichen sind global riesige Überkapazitäten aufgebaut worden. Sie betragen in solchen grundlegenden Bereichen wie der Autoproduktion und der Stahlherstellung je über ein Drittel der real benötigten Kapazität. Das heißt, etwa ein Drittel der vorhandenen Kapazitäten ist real kapitalistisch bereits überflüssig; und zwar nicht nur in den genannten Bereichen, sondern bereits generell. Tatsächlich entsteht daraus eine enorme Schrumpfungstendenz. Allein in der deutschen Stahlindustrie verschwanden seit 1980 bis heute (2018) wegen des immer weiteren Anstiegs der Produktivität weit über 200.000 Arbeitsplätze (von 288.000 auf 86.000); sinkende Tendenz gleichbleibend.

- **Flucht des Geldkapitals – Finanzblasen-Ökonomie**
  Mangels realer Mehrwertproduktion flüchtet das Geldkapital seit den 80er Jahren gleichzeitig in eine Finanzblasen-Ökonomie. Das bedeutet: Nicht mehr der Verkauf von Waren ist entscheidend, sondern die Differenzgewinne aus der Zirkulation von Finanztiteln tragen eine fiktiv gewordene Verwertung. Unternehmen und Unternehmensteile werden gehandelt wie Schweinehälften (Fusionitis und Übernahmeschlachten ohne Realinvestitionen). In populären Interpretationen wird der Kausalzusammenhang meist auf den Kopf gestellt und fälschlich eine Art „Heu-

schreckenplage" der Spekulanten mit antisemitischen Untertönen für die Misere verantwortlich gemacht, als läge das Problem nicht in den Widersprüchen des warenproduzierenden Systems selbst. Die Ausdehnung der Märkte schlägt bei zurückgehender Kaufkraft mangels ausreichender rentabler Anwendungsfähigkeit von „abstrakter Arbeit" um in globale Überkapazitäten, die sukzessive stillgelegt werden (müssen!). Es ist absurd: Weil die Produktivität für das systemische Fassungsvermögen „zu hoch" geworden ist und zu viele Güter mit zu wenig „Arbeit" hergestellt werden können, sinken immer mehr Menschen auf ein noch vor kurzem nicht vorstellbares Armutsniveau ab. Die soziale Spaltung vertieft sich stetig weiter; selbst die Mittelklasse wird inzwischen bereits vom Strudel der Krise erfasst.

- **Die Unrentablen und ihre Hierarchie**
  Was folgt aus den verschärften Krisenbedingungen? Allgemein lässt sich sagen: Früher oder später sind wir alle unrentabel. Das stimmt zwar, aber es ist dennoch in dieser Abstraktheit eine argumentative Falle, weil dabei die Binnendifferenzierungen unberücksichtigt bleiben. Je härter die Krise, desto härter auch die universelle Konkurrenz, die von der Krisenverwaltung instrumentalisiert wird, um die verschiedenen Gruppen der Degradation gegeneinander auszuspielen. Es gibt die soziale Spaltung nicht nur zwischen immer weniger Gewinnern und immer mehr Verlierern, sondern auch unter den Verlierern selbst. Noch-Beschäftigte und Arbeitslose, Frauen und Männer,

Junge und Alte, prospektive Erben und Kinder von Vermögenslosen, Gesunde und Kranke, Nichtbehinderte und Behinderte, Inländer und Ausländer[16] stehen gerade auf Armutsniveau einander gegenüber; und es geht nur noch darum, „für wen es noch reicht".

Wir haben es also mit einer von prekären Verteilungskämpfen durchzogenen Hierarchie der Unrentabilität zu tun. Ganz unten in dieser Hierarchie finden sich die absolut Hilflosen, die nicht einmal mehr bösartig und kriminell werden können: Demenzkranke, geistig und körperlich Behinderte, Pflegebedürftige und Todkranke. Die zunehmenden Skandale in Alten- und Pflegeheimen, mitbedingt durch Dequalifikation des verminderten, unter Kosten- und Leistungsdruck stehenden Personals, sprechen Bände.

Mitten in den Demokratien findet eine strukturelle Entzivilisierung und Enthumanisierung statt, die man bislang weit draußen in der sowieso schon großenteils abgeschriebenen Peripherie des Weltmarkts wähnte. Das ist kein Pessimismus, sondern eine sich ausweitende gesellschaftliche Realität. Unter diesen Bedingungen befinden sich die klassischen Krisenreaktionen und Krisenideologien des Sexismus, Rassismus und Antisemitismus weltweit im Vormarsch, quer durch alle sozialen Schichten. Der deutsche Innenminister sprach nun (2017) davon, dass wir es insgesamt mit einem Anstieg von Respektlosigkeit, Gewalt und Hass zu tun haben. Von den zu Grunde liegenden

---

[16] Stell niemals den Hintergrund eines Menschen, also dass er möglicherweise ein Flüchtling ist, in den Vordergrund, denn so übersiehst Du den Menschen. Und das hat (immer!) verheerende Konsequenzen.

gesellschaftlichen Ursachen hat er jedoch keinen Begriff. Die Dämonen des 19. und frühen 20. Jahrhunderts kehren in modifizierter Gestalt zurück; nicht zuletzt eine sozialdarwinistische Mentalität, die im klassischen Liberalismus wurzelt und deshalb heute die neoliberale Weihe in kaum noch verbrämter Form erhalten kann. „Servival oft he fittest" ist als gar nicht mehr so klammheimliche Parole wieder angesagt. Die zugrundeliegende Logik besagt, dass nicht das zum Naturgesetz erklärte warenproduzierende Patriarchat zur Disposition steht, sondern das Lebensinteresse und Lebensrecht der unrentablen Menschen. Die Theorie des Hardcore-Liberalen Thomas Maltus von der „Überbevölkerung" aus dem frühen 19. Jahrhundert kommt zu neuen Ehren.

Nicht erst die Nazis haben die mörderische Devise vom „lebensunwerten Leben" erfunden und bis zur letzten Konsequenz getrieben, sondern sie vielmehr aus einem breiten Strom des sozialdarwinistischen Denkens geschöpft, in dem bis zum Ersten Weltkrieg und danach außer den Liberalen auch große Teile der politischen Linken und der Sozialdemokratie mitschwammen (was heute kaum noch bekannt ist). Deshalb kann der parteiübergreifende neoliberale Konsens heute auch wieder an den alten sozialdarwinistischen Konsens anknüpfen bis in die gesellschaftliche Mitte und sogar in die parlamentarische Linke hinein: eine dumpfe legitimatorische Basis für die Entzivilisierungs-Tendenzen der Krisenverwaltung und ihrer Mitverwaltungskräfte. Elemente dieses Denkens sind eben nicht nur bei rechtsradikalen Banden anzutreffen, die in Deutschland schon mal Behinderte als „Kostenfresser" beschimpften und aus ihren Rollstühlen kippten, sondern auch im Apparat der Sozialverwaltung und bei den Kadern der demokratischen politischen Klasse. Zu ihren Ahnherren gehört etwa der österreichische Sozialdemokrat Rudolf Goldscheid, der vor dem Ersten Weltkrieg den Begriff der „Menschenökonomie" erfand und dem Staat eine „rentable Menschenzucht" anempfahl, damit behindertes Menschenmaterial nicht durchgefüttert werden müsse. Gerade in Zeiten einer Krise der „abstrakten Arbeit" und der hyperproduktiven Überkapazitäten wird heute dieser Ertüchtigungswahn wieder mobilisiert. Die scheinbare Überwindung des Sozialdarwinismus gehörte zur Schönwetterphilosophie des vergangenen Wirtschaftswunders, die jetzt stillschweigend beerdigt wird.

- **Widerstand und Gesellschaftskritik**
  Welche Möglichkeiten des Widerstands gibt es angesichts dieser überwältigenden Großtendenz der Entzivilisierung? Offenbar genügt eine begrenzte Lobbyarbeit der geschwächten sozialen Dienste nicht mehr. Zwar gibt es keinen rein objektiven Determinismus der Krise und in jeder gegebenen Situation können immanente Spielräume genutzt werden, um „etwas herauszuholen". Aber das geht nur noch im Zusammenhang mit einer *breiten sozialen Bewegung*, die fähig wird, ansatzweise die universelle Konkurrenz zu überwinden und ein Bündel von Forderungen durchzusetzen, auch wenn dadurch die in den Systemwidersprüchen der „abstrakten Arbeit" und ihrer *geschlechtlichen Abspaltungsstruktur* wurzelnde Krise als solche nicht zu überwinden ist. Damit eine solche Bewegung überhaupt möglich wird, bedarf es eines *zähen Kleinkriegs* auch im Alltag gegen das sozialdarwinistische, sexistische,

rassistische und antisemitische Denken in allen seinen Variationen. Darüber hinaus können sich die Verlaufsformen der Krise zu einer neuen Gesellschaft öffnen, wenn der immanente Widerstand die *Perspektive einer anderen Produktions- und Lebensweise* jenseits des warenproduzierenden Patriarchats und damit auch jenseits des alten Staatssozialismus findet. Diese Öffnung wird nur möglich durch eine Öffnung auch des geistigen Horizonts zu einer neuen radikalen Gesellschaftskritik – statt sich vom Krisenalltag mit Haut und Haaren auffressen zu lassen.

- **Politik und Wirtschaft**
  Die auf den Staat als zusammenfassende Instanz des Kapitalismus fixierte „Politik" wird nicht deshalb zu einem Auslaufmodell, weil sie von der Ökonomie kolonisiert worden wäre, sondern weil sie längst an ihren eigenen Voraussetzungen gescheitert ist. Das Problem bezieht sich nicht nur auf die äußere Bedingung einer Globalisierung des Kapitals, von der die nationalökonomischen Räume durchbrochen worden sind. Die regulative Kraft des Staates erlischt vor allem daran, dass es substantiell nichts mehr zu regulieren gibt. Die kapitalistische Verwertung in den Formen von „abstrakter Arbeit" und Geld bildet immer schon die Voraussetzung des Staates, die er nicht hintergehen kann. Wenn sich das Kapital durch seine eigene Produktivkraft-Entwicklung aber entwertet, kann der Staat darauf mit Hilfe seiner Notenbank nur durch eine inflationäre Geldschöpfung reagieren. Die Substanzlosigkeit des virtuellen Kapitals wird damit nicht überwunden, sondern zugespitzt als Entwertung des Selbstzweck-Mediums Geld. Denn die Kompetenz der

Notenbank ist rein formal; ihre Geldschöpfung kann die substantielle Mehrwertproduktion durch „abstrakte Arbeit" nur ausdrücken, aber nicht ersetzen.

Die Grenzen des staatlichen Kredits waren schon Ende der 70er Jahre erreicht. Damals wurde die substanzlose Expansion des Staatskredits durch inflationäre Schübe bestraft. Die Illusion des Neoliberalismus bestand darin, dass er die Inflationierung ausschließlich auf die Staatstätigkeit zurückführte. Durch die neoliberale Deregulierung wurde das Problem aber nur vom Staatskredit auf die Finanzmärkte verlagert. Die Strafe der Inflation verzögerte sich zwar durch den transnationalen Charakter der Finanzblasen-Ökonomie, aber in der globalen Defizitkonjunktur bis 2008 begann das inflationäre Potential manifest zu werden. Dieser Prozess wurde zunächst abgebrochen, weil seither das virtuelle Kapital und mit ihm die Weltkonjunktur ihren Geist aufgeben. Wenn jetzt aber wiederum der Staat als „letzte Instanz" und deus ex machina angerufen wird, müssen seine Rettungs- und Konjunkturpakete abermals die Entwertung des Geldes selbst hervorrufen; allerdings auf höherer Entwicklungsstufe und in einer weit größeren Dimension als noch vor vierzig Jahren. Die für Dich sichtbaren Erscheinungen hierfür sind zum Beispiel die derzeitige Geldschwemme der EZB; Null-Zinsen; Negativ-Zinsen; permanente Entwertung des Geldes, was all Deine Konten beständig plündert; allgemeine Betroffenheit der Menschen; Tendenz zur Abschaffung des Bargelds; der gläserne Mensch/Total-Überwachung...

Vor diesem Hintergrund ist die Hoffnung auf eine „Renaissance der Politik" die größte aller Seifenblasen. Die Schäden der politischen Schadensbegrenzung werden die bisherige Krise sogar übertreffen. Der Staat kann seinen Kapitalismus nur noch endgültig zu Tode regulieren. Die Linke ist auch in dieser Hinsicht hilflos, solange sie nicht die Systemgrundlagen in Frage stellen kann. In demselben Maße, wie sich die vermeintliche „Autonomie" der partikularen und symbolischen sozialen Bewegungen an der inneren Schranke der Verwertung in Schall und Rauch auflöst, ist zu befürchten, dass die Linke auf ihren traditionellen Etatismus regrediert, weil ihr nichts Anderes mehr einfällt. Schon jetzt ist das meiste, was als linke Gesellschaftskritik ausgegeben wird, kaum mehr als keynesianische Nostalgie. Wenn die Linke hofft, auf den Zug der etatistischen Krisenverwaltung „sozialreformerisch" aufspringen zu können, wird sie zusammen mit diesem entgleisen und nach ihrem Schwelgen im Virtualismus zum Trendsetter einer Inflationspolitik werden. Das wäre ein wohlverdientes Schicksal.

- ## Der strukturelle Wahn des warenproduzierenden Systems - Antisemitismus als seine letzte ideologische Reserve

Der Fetischismus des Geldes

Geld ist das allgegenwärtige Fluidum der Moderne, der allgemeine Schmierstoff der Gesellschaft, die flächendeckende Form der Reproduktion: „Money makes the world go round". Geld ist auch die universelle Gestalt des Reichtums, denn mit Geld kann man/frau (vermeintlich) alles kaufen; es eröffnet den scheinbar uneingeschränkten Zugriff der Zahlungsfähigen auf die Möglichkeiten der Welt und ist deshalb auch der universelle Gegenstand des Begehrens. Aus allen diesen Gründen wird das Geld von den Ideologen der modernen Volkswirtschaftslehre (VWL) als die schlaueste und segensreichste Erfindung der Menschheit gepriesen.

Geld ist aber gleichzeitig auch die Gestalt eines universellen Schreckens und als negative Kehrseite des Reichtums die Formel einer ungeheuerlichen Armut, die nicht mehr aus den Naturbedingungen erwächst, sondern künstlich durch die Gesellschaft produziert wird. Geld erscheint als eine unheimliche Macht, weil es das „abstrakte Ding" ist, gleichgültig gegen alle sinnlichen Inhalte, gegen Mensch und Natur, gegen Gefühle und persönliche Bindungen. Geld kann alles und nichts repräsentieren, es umfasst alle Dinge der Welt und ist doch selber vollkommen leer, gewissermaßen ein ökonomisches Nirwana. In dieser gesellschaftlichen Abstraktion des Geldes lauert ein ungeheures Destruktionspotential, sobald sie real gegen die sinnliche Welt durchgesetzt wird: „Abstraktionen in der Wirklichkeit geltend machen, heißt Wirklichkeit zerstören" (Hegel). Im Geld verkehren sich gleichzeitig auf paradoxe Weise soziale und dingliche Beziehungen: In ihrem wechselseitigen gesellschaftlichen Verhältnis repräsentieren die Menschen nicht sich selbst, sondern Quanta der abstrakten gesellschaftlichen Pseudo-Materie (Gold, Münzen, Geldscheine, Buchungsimpulse).

Marx nannte dieses absurde Verhältnis den „Fetischismus" der Warenproduktion. Das Geld entsteht nämlich erst durch eine gesellschaftliche Funktionsteilung, in der die Tätigkeit für die Reproduktion des Lebens im „Stoffwechselprozess mit der Natur" (Marx) nicht im Vorhinein bewusst gemeinschaftlich organisiert wird, sondern als getrennte Privatproduktion für anonyme Märkte stattfindet. Die Produktion wird also erst im Nachhinein durch Tauschakte gesellschaftlich, als deren blindes Medium sich das Geld (die „universelle Ware") herausgebildet hat. Das Geld repräsentiert dabei das abstrakte Gemeinsame der qualitativ völlig verschiedenen Produkte, ihren sogenannten Wert, der wiederum nichts Anderes darstellt als die Menge der dafür gesellschaftlich notwendigen Verausgabung menschlicher Energie. Gesellschaftlich muss dabei von der konkreten Art und Weise dieser Verausgabung abgesehen werden, weil sie nur auf die abstrakte Äquivalenz der Waren bezogen sein kann. Von vornherein ausgerichtet auf diese abstrakte Allgemeinheit des Werts und seiner Erscheinungsform, des Geldes, wird daher die abstrakte Seite der Tätigkeit als sogenannte „Arbeit" (Verausgabung menschlicher Energie schlechthin) bestimmend, was eine „universelle Gleichgültigkeit" der Produzenten gegen den Inhalt ihrer Produktion einschließt. Hauptsache, es wird „Geld verdient".

Geld und Antisemitismus
Natürlich bleibt der Gesellschaft und ihren Individuen die zerstörerische Kehrseite des Geldes und seiner „Realabstraktion" (Sohn-Rethel) nicht verborgen. Schon früh rief dieser Widerspruch den Versuch hervor, ideologisch „gutes" und „böses" Geld zu unterscheiden. Das destruktive und abstrakte Moment sollte abgetrennt und auf eine ne-

gative, äußerliche Macht projiziert werden, als die (im Anschluss an den religiösen Vorbehalt gegen die „Christusmörder") seit dem Spätmittelalter die jüdischen Gemeinden definiert wurden. Der Antisemitismus will also unter Beibehaltung der Geldform deren unheimliche entsinnlichte Inhaltslosigkeit als angebliche „jüdische Eigenschaft" definieren und damit „den Juden" als Sündenböcken aufhalsen. Er ist die irrationale immanente Reaktion auf die Irrationalität des Waren- und Geldfetischismus.

Die Konkurrenz und ihr Elend
Zum allgemeinen, flächendeckenden Verhältnis wurde dieser Fetischismus aber erst durch die moderne Verwandlung des Geldes in Produktivkapital: Das Geld wurde auf sich selber rückgekoppelt, um sich zu „verwerten" (aus einem Euro zwei zu machen) – und damit zum „automatischen Subjekt" (Marx) einer neuen Produktionsweise. „Das Medium ist die Botschaft" (McLuhan); das Tauschmittel mausert sich zum Selbstzweck, der sich sukzessive der gesamten Reproduktion bemächtigt.

In der wechselseitigen Bedingtheit von „abstrakter Arbeit" und „Verwertung des Werts" entstand eine neue Art „negativer Vergesellschaftung", in der die gesellschaftliche Tätigkeit individualisiert und absolut abhängig gemacht wird von den autonomen Bewegungsgesetzen des „abstrakten Dings", auf die sich die Gesellschaftsmitglieder als „vereinzelte Einzelne" allesamt beziehen müssen. Die Menschen gerieten so in ein wechselseitiges Verhältnis totaler Konkurrenz, in dem zwar die Produktivkräfte mit einer nie gekannten Dynamik entwickelt werden, aber eben in einer zwanghaften, paradoxen und destruktiven Weise, die sich in Krisen und Katastrophen entlädt.

Es ist nur folgerichtig, dass diese dynamisierte gesellschaftliche Paradoxie, deren Struktur dem klinischen Wahnsinn nicht unähnlich ist (jedoch in objektivierter gesellschaftlicher Form), eine explosive Mischung aus Angst und Begehren erzeugt. Die Befreiung von diesem strukturellen Wahn könnte nur darin bestehen, dass durch *eine gesellschaftliche Bewegung emanzipatorischer Aneignung* hindurch an die Stelle des Fetischismus von „Arbeit", Wert und Geld eine neue (horizontale) Struktur bewusster gesellschaftlicher Selbstverständigung tritt, an der (z.B. in Form eines Systems von Räten oder Komitees) alle Menschen direkt beteiligt sind und gemeinschaftlich über den sinnvollen Einsatz ihrer Ressourcen und Produktivkräfte entscheiden. Zu einer solchen Praxis sozialer und stofflich-sinnlicher Vernunft jenseits der warenproduzierenden Moderne ist jedoch die Menschheit bis jetzt nicht durchgestoßen, nachdem die Zwangsgesetze von „Arbeit" und Geld in einem mehrhundertjährigen Prozess von Unterdrückung, Gewalt, „Erziehung" und abstrakter „Verfleißigung" (Industrialisierung) verinnerlicht und gewissermaßen zur Tabuzone gemacht worden sind: Wer die fetischistische Grundstruktur direkt kritisiert und sie aufheben will, wird geradezu für verrückt erklärt.

In der Durchsetzungsgeschichte dieses warenproduzierenden Systems entstanden daher verschiedene immanente Bewältigungs-Ideen und Reaktions-Formen, um mit den Widersprüchen und Krisen des modernen Fetischismus auf seinem eigenen Boden (ohne wirkliche Transformation) vermeintlich fertigzuwerden. Gegen die Rationalität des Liberalismus, der (auch heute wieder) den blinden Selbstlauf der Konkurrenz propagiert und dabei das Herausfallen von wachsenden Menschenmassen in Kauf nimmt, positionierte sich die Rationalität des Staatssozialismus von Bismarck bis Lenin und von Keynes bis Castro, um die krisenhaften Wirkungen der Konkurrenz in verschiedenen, mehr oder weniger weit gehenden Systemen staatlicher Regulation (deficit spending, Sozialstaat, Staat als Generalunternehmer etc.) zu überwinden, ohne jedoch Warenpro-duktion, Markt und Geldform selbst aufzuheben. Aber diese staatssozialistischen Versuche mussten in allen ihren Varianten immer wieder (und heute endgültig) scheitern, denn der Staat ist nur der andere Pol der fetischistischen abstrakten Allgemeinheit und bleibt letztlich abhängig von den blinden Gesetzen des kapitalisierten Geldes. Unter dem Dach staatlicher Regulation schwelt daher die Konkurrenz weiter und bricht mit umso größerer Gewalt wieder hervor (sowohl binnenökonomisch als auch in den Außenbeziehungen).

Weil der Staatssozialismus auf dem Boden des unaufgehobenen warenproduzierenden Systems viel zu schwach ist, um die Irrationalität der fetischistischen Struktur und des damit verbundenen Konkurrenzsystems überwinden zu können, bildeten sich gleichzeitig seit dem 19. Jahrhundert verschiedene politisch-soziale Strömungen einer irrationalen „Fortsetzung der Konkurrenz mit anderen Mitteln", in deren ideologischem Zentrum der Antisemitismus steht: Die Projektion der abstrakten, destruktiven Eigenschaften der Geldform auf „die Juden" setzt sich in deren

Definition als das fremde „Außen" der Konkurrenz fort. Die universelle Angst im „Krieg aller gegen alle" (Hobbes) bringt das Verlangen nach einem eindeutigen, *in* der Konkurrenz trotzdem der Konkurrenz entzogenen „Wir" hervor, das in Gestalt eines Meta-Subjekts gegen „die Anderen" als ein System von sozialen Einschließungen und Ausschließungen imaginiert wird, in dem „das Jüdische" als das universelle Andere und Fremde figuriert, das alle negativen Eigenschaften von Geld und Konkurrenz auf sich vereinigt.

Der Antisemitismus nahm dabei immer wieder Elemente sowohl des Liberalismus als auch des Staatssozialismus in sich auf, um sich gesellschaftlich zu formieren (historisch in Gestalt von Faschismus und National-Sozialismus). Darin zeigen sich sowohl die Differenzen als auch die Affinitäten und Überschneidungen von Liberalismus, Staatssozialismus und Antisemitismus, die in je verschiedener Weise dieselbe rationale Irrationalität oder denselben irrationalen Rationalismus auf dem gemeinsamen Boden des modernen Fetischsystems ausdrücken.

Naturalisierung des Sozialen
Die in der Kapitalform gesamtgesellschaftlich gewordene blinde und entfesselte Selbstbewegung des „abstrakten Dings" hat die Ideologen dieses Systems von Anfang an dazu geführt, die „zweite Natur" der fetischistischen (in ihrer Formbestimmung dem menschlichen Willen entzogenen) Vergesellschaftung mit der „ersten Natur" nicht nur analog zu setzen, sondern direkt zu identifizieren. Schon die Klassiker des Liberalismus und der „Volkswirtschaftslehre" betrachteten die blinden Gesetze von Geld

und Markt ganz unbefangen als Naturgesetze. Die physikalische „Weltmaschine" des mechanischen Universums von Newton fand ihre Entsprechung in der ebenso mechanischen ökonomischen „Weltmaschine" oder anzubetenden „schönen Maschine" (Adam Smith) des Kapitals. Aus der Metaphysik des Geldes wurde die Physik des universellen Marktes. Während bei Marx im Kontext seiner Fetisch-Kritik diese Pseudo-Physik der Kategorien eines warenproduzierenden Systems noch als negativ erscheint und ihre Darstellung als radikale Kritik formuliert ist, fiel der Staatssozialismus (auch in seiner „marxistischen" Variante) auf den Positivismus der fetischistischen „Gesetzmäßigkeiten" zurück, die „unabhängig vom menschlichen Willen" als Quasi-Natur vorausgesetzt erscheinen.

Diese pseudo-physikalische Naturalisierung des Sozialen setzte sich jedoch schon bald in einer Biologisierung von gesellschaftlicher Entwicklung und sozialen Eigenschaften fort. Darwins epochemachende Entdeckung der biologischen Evolution wurde sogleich gesellschaftlich kurzgeschlossen (auch von Darwin selbst) und als pseudo-biologisches „Ausleseverfahren" und „Survival oft he fittest" auf die menschliche Geschichte übertragen. Dieser „Sozialdarwinismus" richtete sich gegen Behinderte und sogenanntes „lebensunwertes Leben", das durch strenge „Rassenhygiene" (staatliche Kontrolle der Vererbung etc.) schon im Keim erstickt werden sollte. In diesem Sinne drang der Sozialdarwinismus auch tief in die marxistische Arbeiterbewegung ein und wurde von ihren führenden Ideologen (z.B. Karl Kautsky) ganz offen vertreten.

Derselbe Sozialbiologismus besetzte mit dem Slogan vom „Kampf ums Dasein" auch die Deutung der allseitigen Konkurrenz und das daraus resultierende System der sozialen

Ein- und Ausschließungen. Während der Liberalismus ein individuelles sozialdarwinistisches Ausleseverfahren nach den kapitalistischen Kriterien befürwortete, entwickelte sich gleichzeitig ein umfassender biologischer Rassismus, der das angstbesetzte Syndrom der Konkurrenz ideologisch in einen Kampf von „höheren" und „niederen" Rassen umfantasierte und den Mythos von der „arischen Lichtrasse" (Graf Gobineau) erfand.

Der Antisemitismus wurde sehr schnell in dieses biologistische und rassistische Weltbild integriert. Während die sogenannten farbigen Menschen (Afrikaner, Asiaten etc.) als „unterwertige" Rassen oder „Untermenschen" definiert wurden, figurierten „die Juden" umgekehrt als die „überwertige Rasse des Bösen" und als phantasmatischer großer Gegenspieler der „Arier". Wie der Antisemitismus vorher schon die strukturelle Negativität von „Geldherrschaft" und Konkurrenz auf ein „jüdisches" Wesen projiziert hatte, so wurden „die Juden" nun zu den biologisch von Natur aus „Anderen" schlechthin, denen das Böse der negativen und abstrakten Vergesellschaftung nicht nur historisch oder kulturell, sondern direkt in ihrer physischen, biologischen und „blutsmäßigen", also leiblichen Existenz anhaftet. Der Antisemitismus vollendete so die in der gesamten affirmativen Ideologie des modernen warenproduzierenden Systems angelegte Naturalisierung des Sozialen und spitzte sie bis zur äußersten Konsequenz zu.

Arbeitszwang und Leistungswahn
Die Grundlage und gewissermaßen das innere Feuer, die bewegende Kraft der rastlosen „Verwertung des Werts"

ist die abstrakte „Arbeit", d.h. die ebenso rastlose Verausgabung menschlicher Energie unter Gleichgültigkeit nicht nur gegen die konkreten Inhalte der Verausgabung (dem Kapital und seinen Produzenten muss es im Prinzip egal sein, ob sie Schokoladentörtchen oder Panzer herstellen), sondern auch gegen die Folgen, „Risiken" und Nebenwirkungen der damit verbundenen (betriebswirtschaftlichen) Rationalität. Nicht bewusste menschliche Zwecke setzen sich in ebenso bewusste, gemeinschaftlich organisierte Tätigkeit um, sondern genau umgekehrt hängen die menschlichen Zwecke vom prozessierenden Selbstzweck des Werts und der „Arbeit" als seiner abstraktifizierten Bewegungsform ab. Trotz dieser Absurdität wurde der Begriff der „Arbeit" schon seit der frühen Neuzeit zum edlen ethischen Ziel geadelt. Während in allen vormodernen Produktionsweisen die Subsumtion von Menschen unter die Abstraktion einer fremdbestimmten Tätigkeit als negativ und minderwertig galt, stieg die „Arbeit" in der „protestantischen Ethik" zum paradoxen positiven Ziel der menschlichen Selbstverwirklichung unter den Augen Gottes auf. Darin kündigte sich die Säkularisierung der Religion in Form der Unterwerfung unter die kapitalistische „Weltmaschine" an.

Sowohl der Liberalismus als auch der (marxistische) Staatssozialismus erwiesen sich als Erben dieser „protestantischen Ethik". Mit fortschreitender Entwicklung des warenproduzierenden Systems wurden die „Arbeit" und die damit zusammenhängenden, ebenso abstrakten „Sekundärtugenden" (Fleiß, Disziplin, Pünktlichkeit, Gehorsam usw.) dem Selbstzweck des „abstrakten Dings" entsprechend propagiert und die Definition der „Wohlfahrt" davon abhängig gemacht, ohne Rücksicht auf die gesellschaftliche Sinnhaftigkeit und das wirkliche Wohlbefinden der Individuen. Arbeitszwang und Leistungswahn für immer absurdere „Pyramidenbauten" im Namen des zum Selbstzweck gewordenen Geldes ließen die positiven Möglichkeiten der Produktivkraft-Entwicklung immer wieder verpuffen.

Statt dieses fetischistische Verhältnis mitsamt seinem abstrakten Tätigkeitsbegriff anzugreifen, konnte die historische Arbeiterbewegung nur bis zu einer systemimmanenten Kritik gelangen und machte sich selber den Standpunkt der „Arbeit" zu eigen. Obwohl selber eine Abstraktion und als solche real vom abstrakten Selbstzweck des Geldes bestimmt, erschien die „Arbeit" (besonders die unmittelbare Produktionstätigkeit) als das „Konkrete" und Sinnhafte gegenüber der abstrakten Welt der Geldform. „Kapital" und „Arbeit" wurden somit nicht als die beiden Seiten derselben Medaille begriffen, sondern als äußerer Gegensatz. An die Stelle einer Kritik der gesellschaftlichen Fetischform trat die Kritik der „Nichtarbeit" oder der „unproduktiven Arbeit", des „arbeitslosen Einkommens", des „Parasitentums", der „Arbeitsscheuen", der „Schmarotzer" usw. Ironischerweise entwickelte der Liberalismus ganz ähnliche Kriterien, wenn auch mit anderer Besetzung (hier figurierten die unbotmäßigen und nach Verkürzung des Arbeitstages strebenden Lohnarbeiter selber als „faules Gesindel").

Auch wenn August Bebel die antisemitische Ideologie den „Antikapitalismus der dummen Kerle" nannte, so konnte der Antisemitismus doch sowohl an die basale „protestantische Ethik" und den liberalen Leistungswahn als auch an die daran gebundene verkürzte Kapitalismuskritik der marxistischen Arbeiterbewegung anknüpfen. „Arbeit macht frei" stand nicht umsonst über dem Tor von Auschwitz. Die Positivierung der „Arbeit" und die Brandmarkung der „Nichtarbeit", des „Müßiggängertums" etc. musste nur noch biologistisch aufgeladen und entsprechend zugeordnet werden, um in das antisemitische Weltbild zu passen. Dabei wiederholte sich die naturalisierende Zuordnung des Negativen: Die Afrikaner, Slawen usw. wurden als die „unterwertigen Arbeitsscheuen", „die Juden" dagegen als die „negativ überwertigen Arbeitsscheuen" und als eigentlicher Gegenpol zum „arischen" Prinzip der „ehrlichen Arbeit" definiert.

Als angebliche Träger des „bösen" Geldes und der gesellschaftlichen Realabstraktion überhaupt wurden „die Juden" aber nicht nur mit dem Feindbild des gehobenen „parasitären Müßiggängertums" identifiziert, sondern auch mit den Abstraktionen der reflektierenden Vernunft. Nicht umsonst hatte Marx die Logik das „Geld des Geistes" genannt. Und wie im Hause des Gehängten nicht vom Strick gesprochen werden darf, so darf in der auf Realabstraktionen beruhenden warenproduzierenden Gesellschaft nicht die abstrakte fetischistische Form durch Reflexion versehentlich beim Namen genannt werden. Obwohl gerade der banale Alltagsverstand der „geldverdienenden" Menschen bis zur Blödsinnigkeit abstrakt denkt, wie schon Hegel gezeigt hat, ist der „abstrakte Denker" in seiner reflexiven und daher irgendwie gefährlichen Gestalt verpönt, seitdem das gesellschaftliche Bewusstsein mit zunehmender Durchsetzung des totalen „Geldverdienens" immer positivistischer geworden ist. Sowohl der liberale Pragmatismus als auch der arbeiterbewegte Vulgärmarxismus entwickelten daher zusammen mit dem Affekt gegen die jeweilige Definition von „Nichtarbeit" und „Unproduktivität" auch ein entsprechendes Maß an Intellektuellen-Feindlichkeit, das der Antisemitismus auf seine Weise aufgenommen hat: Der „unproduktive" und müßiggängerische „jüdische Flaneur" oder „elegante jüdische Lebemann" wurde nahezu gleichbedeutend mit der Figur des „zersetzenden jüdischen Intellektuellen", in dem sich die negative Kraft der Abstraktion reflexiv gegen das „gute" Prinzip der „Arbeit" wendet.

„Schaffendes" und „raffendes" Kapital

Die Affirmation des „guten Geldes" gegen das „böse Geld", das Lob des „Konkreten" (das in Wahrheit nur die Konkretion der realabstrakten modernen Vergesellschaftung selber ist) gegen das „Abstrakte" und die Apotheose (Vergöttlichung) der „Arbeit" gegen Müßiggang und „Parasitentum" können im System der politischen Ökonomie eigentlich nur auf eines hinauslaufen: nämlich auf eine verkürzte Kritik des zinstragenden Kapitals, das mit der Negativität der ganzen Produktionsweise identifiziert wird. Obwohl das Finanzkapital logisch nur eine abgeleitete Form des Produktivkapitals und der Zins nur ein Bestandteil der industriellen Mehrwertschöpfung sein kann, erscheint in diesem flachen Verständnis allein der Zins, der für geliehenes Geld bzw. Geldkapital gezahlt werden muss, als „Abpressung des Mehrwerts" und als moralisch ungerechtfertigtes „arbeitsloses Einkommen". Ökonomisch gesehen gelten so einzig die Geldkapitalbesitzer,

Bankiers etc. als „Kapitalisten", die industriellen Unternehmer dagegen als eine Art „leitende Selbstarbeiter" mit bloß etwas höherem Unternehmerlohn oder einer „Risikoprämie".

Sowohl die industriellen Unternehmer als auch die kleinen Familienbetriebe und Handwerker, die auf Bankkredite angewiesen sind und jederzeit in die „Schuldenfalle" laufen können, neigen von ihrem immanenten Interessenstandpunkt aus leicht zu einer solchen Betrachtungsweise. Insofern ist sogar eine liberale Kritik des Finanzkapitalismus denkbar; und in der Arbeiterbewegung war es demzufolge der quasi liberale Flügel in Gestalt eines Teils der Anarchisten, der von einem eher kleinunternehmerischen Standpunkt aus oder im Sinne warenproduzierender Genossenschaftsbetriebe die „Brechung der Zinsknechtschaft" (Proudhon) verlangte. Der Arbeiterbewegungs-Marxismus lehnte diese Position zwar als kleinbürgerliche ab; aber seine eigene staatssozialistische Ideologie, die nicht die Aufhebung des fetischistischen Verhältnisses und der darin eingeschlossenen Lohnarbeit zum Ziel hatte, sondern lediglich die Verstaatlichung und bürokratische Regulation des privaten Produktivkapitals, war davon nicht gar so weit entfernt. In der Praxis der marxistischen Massenagitation, zumal im Zeichen einer „Bündnispolitik" mit den diversen arbeitsamen „kleinen Warenproduzenten", rückte der Finanzkapitalismus wie von selbst ins Zentrum der Kritik und wurde zum Generalbösewicht aufgeblasen.

Der Antisemitismus konnte aus der verkürzten Kritik des zinstragenden Kapitals leicht seinen Honig saugen, denn schon seit dem Spätmittelalter galten „die Juden" als Geldwucherer (so zum Beispiel in aggressiver und geradezu pogromhetzerischer Weise bei Martin Luther). Diese Zuordnung war darauf zurückzuführen, dass Christen laut Bibel offiziell das Zinsnehmen verboten war, während im Handelsverkehr trotzdem Kreditbedarf bestand. In vielen Städten war den jüdischen Gemeinden gleichzeitig aus Konkurrenzgründen die Ausübung von Gewerben untersagt. So verlegten sich einige jüdische Bürger notgedrungen auf Handel und Geldverleih (obwohl auch im Alten Testament die Zinsnahme verboten ist). Der jüdische Trödler und Lumpenhändler wurde sprichwörtlich, während sich an die historisch herausgebildete Existenz einiger jüdischer Bankiersfamilien (darunter die berühmten Rothschilds) ein hasserfüllter Mythos vom „jüdischen Finanzkapital" knüpfen konnte. Dass die überwältigende Mehrheit der Juden stets alles andere, aber keine Finanzgewaltigen waren, störte dabei überhaupt nicht.

In die falsche, am Wesen des modernen Fetischismus vorbeigehende Kritik der „Zinsknechtschaft" mischten sich daher von Luthers Zeiten bis ins 20. Jahrhundert und auch heute (2018) wieder verstärkt zu hörende antisemitische Töne. Dabei gilt die Faustregel: Nicht alle Kritiker des zinstragenden Kapitals sind (offene) Antisemiten, aber alle Antisemiten sind Kritiker des zinstragenden Kapitals. Gewissermaßen handelt es sich um eine „politische Ökonomie des Antisemitismus", die gleichzeitig als umfassende irrationale Weltanschauung auftritt. Diese seit Proudhon weitgefächerte Ideologie, die sich auch bei den Anthroposophen Rudolf Steiners (1861–1925) und den Anhängern

des ökonomischen Quacksalbers Silvio Gesell (wie überhaupt bei den Sektenbewegungen der Vor- und Zwischenkriegszeit) fand, wurde von den Nationalsozialisten syn-
thetisiert und auf die Spitze getrieben. In der Gegenüber-
stellung von „schaffendem" und „raffendem" Kapital
fasste die Nazi-Ideologie alle Momente des antisemitischen Syndroms zusammen.

Dazu gehörte auch die schon seit dem 19. Jahrhundert
geisternde abstruse Idee von der „jüdischen Weltverschwörung": Die Anonymität und die supranationalen Gesetze des Weltmarkts wurden dabei durch eine Analogie
von transnationalen Finanzzusammenhängen und der
„verdächtigen", als im nationalistischen Sinne illoyal iden-
tifizierten und über die Welt verstreuten jüdischen
Ghetto-Existenz dämonisiert, um für die unbegriffenen
subjektlosen Wirkungen der globalen Konkurrenz-Verhält-
nisse, Kapital- und Handelsströme einen teuflischen, die
Fäden ziehenden „Verursacher" hinter den Kulissen ding-
fest zu machen (in gewisser Weise ist der Wahn von der
„jüdischen Weltverschwörung" eine Karikatur der Aufklä-
rungs-Philosophie, die ja ebenfalls die Geschichte auf bewusst handelnde Subjekte zurückführt, ohne von fetischistischen Strukturen überhaupt nur etwas zu ahnen).

In derselben Weise erklärt die irrationale „politische Ökonomie des Antisemitismus" dann auch die kapitalistischen
Krisen. Die tatsächliche innere Schranke der Akkumulation
jedoch findet sich im Produktivkapital selbst; und zwar ist
es ganz einfach: Wenn nämlich für eine gegebene, also beliebige industrielle Struktur die Expansionsfähigkeit der

Märkte erschöpft ist und die Rationalisierung mehr Arbeitsplätze frisst, als neue geschaffen werden, können die aus vorangegangenen Produktionsperioden realisierten Gewinne nicht mehr ausreichend rentabel in zusätzlichen produktiven Investitionen angelegt werden. Diese Situation der „Überakkumulation" (Marx) des Kapitals führt einerseits zu einer krisenhaften Negativspirale von Entlassungen, Schrumpfung der Märkte usw. Andererseits strömt das nicht mehr rentabel reinvestierbare Geldkapital in die Finanzmärkte und treibt unter dem Verwertungsdruck eine Blase der Spekulation (der Kreation von fiktiven Werten) hervor, deren Platzen dann die Krise umso mehr anheizt). Die irrationale Krisentheorie, die einseitig auf das Finanzkapital fixiert ist, verkehrt nun in diesem Ablauf der Krise einfach Ursache und Wirkung: Die Spekulation, die aus der Krise des Produktivkapitals selber entstanden ist, erscheint umgekehrt als deren Ursache, und „die Spekulanten" werden zu den böswilligen Subjekten der Krise erklärt. Und da schon das Finanzkapital überhaupt als „jüdisch" definiert ist, bedarf es keiner großen Herleitung mehr, um auch die spezifische Krisenfigur des „Spekulanten" entsprechend einzuordnen. Auf diese Weise haben die Nazis mit nicht geringem propagandistischen Erfolg die Weltwirtschaftskrise von 1929-33 gedeutet.

Auschwitz – die deutsche Revolution
Das antisemitische Syndrom hat den Kapitalismus von Anfang an begleitet und war immer in allen Ländern des modernen warenproduzierenden Systems präsent – auch dort, wo es gar keine Juden gibt. Gerade der „Antisemitismus ohne Juden" beweist den Charakter dieser aggressiven Ideologie als irrationale Weltanschauung, die nicht

aus empirischen Konflikten entstanden ist. Damit ist allerdings noch längst nicht erklärt, warum sich die universelle Präsenz des Antisemitismus in der modernen Welt nur in Deutschland bis zum Menschheitsverbrechen des sogenannten Holocaust steigern konnte. Ein Moment von Unerklärlichkeit, das der reflektierenden Vernunft nicht mehr zugänglich ist, wird Auschwitz wohl für immer behalten. Trotzdem lassen sich Gründe angeben, warum das Deutsche Reich zum Organisator dieses universellen Grauens werden konnte.

Erstens war Deutschland im 19. Jahrhundert unter den großen kapitalistischen Ländern der historische Nachzügler, die „verspätete Nation". War die Modernisierung in England, Frankreich und den USA noch mit revolutionärer Emphase und republikanischen Hoffnungen einhergegangen, so setzte sie in Deutschland erst zusammen mit der großen Transformationskrise der Industrialisierung bis zur Jahrhundertmitte ein. Ideologisch war die Herausbildung des modernen kapitalistischen Nationalstaats in Deutschland daher weniger mit dem vordergründig rationalen Aufklärungsdenken, sondern vielmehr bereits mit der irrationalen romantischen Gegenbewegung verbunden, die in einer widersprüchlichen Mischung modernisierende Elemente mit einer reaktionären und phantasmatischen Kritik der „abstrakten Geldwirtschaft" verband. Eine Folge davon war, dass die „deutsche Nation" im Gegensatz zum westlichen Rechts- und Staatsbegriff mit „völkischen" und rassischen Abstammungslehren biologistisch legitimiert wurde (bis heute ist die Staatsbürgerschaft auch der BRD in dieser Weise „blutmäßig" definiert!). Diese ideologische und sogar juristische Grundlegung des deutschen Nationalstaats begünstigte in besonderer Weise eine irrationale, biologistische und eben auch antisemitische Gesellschafts- und Krisentheorie. Die deutschen Eliten waren damit fast durchgehend infiziert, darunter auch Leute, von denen man es nicht vermutet hätte (zum Beispiel Thomas Mann).

Zweitens war Deutschland bekanntlich dasjenige unter den großen kapitalistischen Ländern, das keine bürgerliche Revolution erlebte (die lächerliche und gescheiterte Episode von 1848 kann man vergessen). Die Modernisierung und Nationalstaatsbildung wurde „von oben" durch den alten absolutistischen Apparat unter Führung des besonders autoritären und militaristischen Preußen durchgezogen. Die deutsche Modernisierungsgeschichte war also nicht durch Umstürze und Revolutionen geprägt, sondern durch „Kadavergehorsam" als verinnerlichtes Massenphänomen in Familie, Schule, Fabrik und Armee. Auch die sozialistische Arbeiterbewegung war stärker als in anderen Ländern vom Geist dieser preußischen Disziplinierung durchdrungen.

Indem sich die irrationale „völkisch"-biologistische Selbstlegitimierung der „deutschen Nation" und die autoritäre preußische Tradition zusammen- schlossen, braute sich in Gestalt des National-Sozialismus ein Versuch zusammen, mit dem Antisemitismus als Staatsdoktrin die kapitalistische Welt der „Arbeit" von der Gewalt der Realabstraktion zu „befreien"; aber nicht durch soziale Gegenwehr, Revolten oder eine Revolution, sondern durch die physische Vernichtung der vermeintlichen biologischen Träger des schlechten „Abstrakten", der parasitären „Nichtarbeit", des „zersetzenden Intellektualismus", des „raffenden" Finanzkapitals und des krisenverursachenden „Spekulantentums" usw. Mit einem Wort: der „deutsche Kapitalismus" (und letztlich der Kapitalismus überhaupt) sollte durch das Vergasen der Juden zu einer biologisch reinen Allgemeinheit ohne Zwangsgesetz der abstrakten Verwertung gemacht werden.

In zugespitzter Form hat der US-amerikanische Theoretiker Moishe Postone diese ungeheuerliche Absurdität des National-Sozialismus formuliert: „Auschwitz war eine Fabrik zur Vernichtung des Werts." Dort sollte nichts produziert, sondern die gesellschaftliche Realabstraktion der Moderne fabrikmäßig eliminiert werden, ohne sie emanzipatorisch aufzuheben. Nicht allein die millionenfache Zahl der Opfer ist es, die den „Holocaust" zu einer historischen Singularität gemacht hat, sondern das völlige Fehlen eines definierbaren Interessenstandpunkts, wie er in dieser oder jener Form hinter allen anderen Genoziden und Massenmorden der Modernisierungsgeschichte zu finden ist. Der „Holocaust" war ein fanatisch vollstreckter Selbstzweck (sogar kriegswichtige Ressourcen wurden dafür geopfert), um den Selbstzweck des Kapitals loszuwerden. Der unüberwundene Kapitalismus sollte sich mit Hilfe der Gaskammern in eine an sich selber nichtkapitalistische Form verwandeln. Insofern war Auschwitz die „deutsche Revolution" – die einzige, die in diesem Land jemals „gelungen" ist. Die kadavergehorsamen Deutschen standen stramm für diese „Revolution" und vollstreckten sie mit der Präzision eines Uhrwerks, diszipliniert in allen Sekundärtugenden. Nur in diesem Land mit dieser spezifischen Geschichte konnte sich das antisemitische Syndrom als

Pseudorevolution „von oben" bis zur letzten denkbaren Barbarei steigern.

Krise der „Arbeit" und Kasinokapitalismus

In der deutschen Nachkriegsgeschichte wurde das wahre Wesen von Auschwitz niemals diskutiert und aufgearbeitet, weil dies sofort die grundsätzliche Systemfrage der Moderne ans Licht gebracht hätte. Nicht nur die kapitalistischen Eliten der BRD (die als offizieller Nachfolgestaat des „Dritten Reiches" firmierte) hatten daran kein Interesse, sondern auch für die Westmächte mit den USA an der Spitze wäre in der neuen Epoche der kapitalistischen Weltmarkt-Integration eine bis an die Wurzeln gehende Offenlegung des antisemitischen Syndroms nur lästig gewesen. Aber auch in der DDR, die ja nicht nur äußerlich durch den Stechschritt der „Nationalen Volksarmee" unselige preußische Traditionen pflegte, blieb die Aufarbeitung des Antisemitismus äußerst oberflächlich und halbherzig, um schon bald durch eine „antizionistische", an der Bündnispolitik der Sowjetunion mit den arabischen Staaten orientierte, Propaganda überlagert zu werden.

Der Antisemitismus konnte allerdings auch deswegen nicht als Kern der Nazi-Ideologie herausgeschält werden, weil die verkürzte Kapitalismuskritik des Arbeiterbewegungs-Marxismus selber nicht an die Problematik der fetischistischen Realabstraktion heranreichte, wie sie von der antisemitischen Ideologie auf irrationale und mörderische Weise thematisiert wurde. Die sozialistischen und kommunistischen Parteien (ebenso wie die anarchistischen Strömungen) waren zwar nie die zentralen Träger des antisemitischen Syndroms, aber sie hatten doch immer wieder Berührungspunkte und unklare Beziehungen damit (dieser Sachverhalt bildet geradezu die Geheimgeschichte des traditionellen Sozialismus). Die antisemitische Weltanschauung und Krisendeutung blieb also unaufgearbeitet und wurde in der Epoche von „Wiederaufbau" und „Wirtschaftswunder" zum „Schläfer" im gesellschaftlichen Unterbewusstsein.

Nun aber, seit den 80er Jahren ist der Weltkapitalismus abermals in eine Krisenepoche eingetreten, die durch eine historisch neue Qualität von Automatisierung, Rationalisierung und Globalisierung des Kapitals im Zeichen der mikroelektronischen Revolution gekennzeichnet ist. Erstmals kann die „industrielle Reservearmee" (Marx) nicht mehr zyklisch reabsorbiert werden; die zyklische Entwicklung hat sich in eine strukturelle Überakkumulation des Kapitals verwandelt, mit der eine ständig anschwellende strukturelle Massenarbeitslosigkeit im Weltmaßstab einhergeht. Obwohl die „Krise der Arbeitsgesellschaft" ausgerufen wurde und damit eigentlich eine Grundkategorie der Moderne und ihrer realabstrakten Vergesellschaftung in Frage gestellt ist, glaubte man in den 80er Jahren noch billig davonzukommen. Die pseudo-hedonistische Kritik (Freude, Vergnügen, Lust, Genuss, sinnliche Begierde) der „Arbeit" blieb oberflächlich und zehrte von den Nachklängen des „Wirtschaftswunders"; die Hoffnung auf eine Ausdehnung der kapitalistischen „Freizeit" bei hohen Geldeinkommen und Konsumstandards zeigte, dass der Zusammenhang von „Arbeit" und Geldform gar nicht begriffen wurde.

In den 90er Jahren kam dann der große Katzenjammer. Nach dem staatssozialistischen Zusammenbruch, der ein Moment der neuen Weltkrise war, ist jede Grundsatzkritik des Konkurrenzsystems verstummt, während gleichzeitig der verdrängte Zusammenhang der kapitalistischen Kategorien zutage tritt: Die oberflächliche, konsumistische Kritik der „Arbeit" wurde ersetzt durch den Schrei nach „Arbeitsplätzen" und eine hektische „Standort"-Debatte. Gegen die Globalisierung möchte gerade die Linke zurückflüchten in den längst obsoleten Keynesianismus, der an die nationalstaatliche Regulation gebunden ist. Diese keynesianistische Nostalgie, die von der rechten Sozialdemokratie bis zu den Resten des Linksradikalismus reicht, will den fundamentalen Charakter der Krise nicht wahrhaben. Die Hoffnung, dass „Geld genug da" sei, richtet sich als irreale Forderung an den Staat, die entfesselten Finanzmärkte in die nationale Gemeinschaft zurück zu holen.

Gegen den Krisenkapitalismus eines historisch beispiellosen spekulativen Überbaus, wie er aus der strukturellen Überakkumulation des Kapitals hervorgegangen ist, werden hilflos „produktive Investitionen" eingeklagt. Bereits auf dem Parteitag der SPD im Dezember 1997 forderte der damalige Vorsitzende Lafontaine, „gegen die Spekulanten" vorzugehen. In dieses Horn blasen seither in ganz Europa (und weltweit) Gewerkschaften, Grüne, Sozialisten, Kommunisten usw. Sie sind sicherlich (noch) keine Antisemiten, aber sie mobilisieren alle, aber auch wirklich alle Motive der „politischen Ökonomie des Antisemitismus", statt vom untergegangenen schwachen Paradigma des Staatssozialismus (alias Staatskapitalismus) zu einer aufhebenden emanzipatorischen Kritik der fetischistischen Realabstraktion zu gelangen.

Die keynesianistische Nostalgie der Linken wird so zum (unfreiwilligen) Schrittmacher eines neuen, in seiner Erscheinungsform bisher noch unklaren antisemitischen Schubs der phantasmatischen Krisendeutung. Am rechten

Rand des Konservatismus, im rechtsradikalen Spektrum, bei Skinhead-Banden, in der Bundeswehr, der erst vor kurzem gegründeten AfD usw. blühen bereits offen die antisemitischen Parolen und „Vorfälle". Niemals in den vergangenen siebzig Jahren war es so deutlich wie heute, dass der Antisemitismus nur zusammen mit dem Kapitalismus verschwinden kann. In der Krise wird diese elementare Wahrheit abgerufen. Der „Schläfer" ist erwacht, die Dämonen kehrten zurück. Und Du kennst sie, denn sie begegnen Dir an jedem Tag sowohl real, wie auch in vielfältiger medialer Darstellung.

Der Antisemitismus ist (im Unterschied zum gewöhnlichen Rassismus) nicht eine Besetzung der Konkurrenz neben anderen, sondern die ultima ratio der Konkurrenz in einer Situation wie der heutigen, in der die immanent-scheinrationale Austragung der Konkurrenz ausweglos wird. In einer solchen Situation droht die allgemeine bürgerliche Subjektform selbst zu zerbrechen. Der Antisemitismus verspricht einen Ausweg, ohne diese gemeinsame Subjektform des Systems in Frage zu stellen, indem er das Problem irrational und mörderisch veräußerlicht. So kann er trotz und gerade wegen seiner intellektuellen Primitivität eine klassen-übergreifende Anziehungskraft auf eine große Masse von kapitalistisch konstituierten Individuen ausüben, vom Arbeitslosen bis zum Manager, vom landlosen Bauern der Dritten Welt bis zum Ölprinzen, vom Maschinenschlosser bis zum Investment-Banker, von der alleinerziehenden Mutter bis zum Model, vom Sonderschüler bis zum akademisch gebildeten Intellektuellen.

Mit anderen Worten: *Das antisemitische Syndrom bildet die letzte und äußerste krisen-ideologische Reserve des modernen warenproduzierenden Systems.* Der Antisemitismus lauert in der allgemeinen bürgerlichen Subjektform selbst; er wird regelmäßig in den Einbrüchen der Krise abgerufen, und zwar umso massiver, je heftiger sich die Krise äußert. Wenn also kapitalistisch im Weltmaßstab nichts mehr geht, können sich die irren Systemidioten letztlich nur darauf verständigen, dass „die Juden" wegmüssen, damit alles wieder gut wird. Am Grad des sich äußernden Antisemitismus kannst Du zweifelsfrei den erreichten Grad der kapitalistischen Endkrise ablesen.

- **Die Linke und ihre Krise**
Die existentielle Krise der heutigen Linken besteht gerade darin, dass sie nicht in der Lage war, den Marxismus zu transformieren und die Kritik der politischen Ökonomie auf der Höhe des 21. Jahrhunderts zu reformulieren. Denn natürlich kann es kein Zurück zu den Paradigmen einer vergangenen Epoche geben. Das Label „Postmoderne" war und ist nur ein Etikettenschwindel, weil die reale gesellschaftliche Transformation des Kapitalismus keine neuen sozialen Spielräume eröffnet hat, sondern eben den Übergang zu seinem historischen Zerfall markierte. Weder das Ende der alten Arbeiterbewegung noch der Untergang des „Realsozialismus" wurden kritisch aufgearbeitet. Der postmoderne Durchgang hat den traditionellen Marxismus nicht überwunden, sondern lediglich in einer entwirklichten Gestalt fortgesetzt. Während das sozialistische Ziel völlig aus dem Blick verschwunden ist und sich in jene falsche „Vielfalt" von bloß partikularen Bewegungen aufgelöst hat, verwandelte sich das Paradigma der

„Arbeiterklasse" in eine nirgendwo tragfähige Vielzahl von sozialen Surrogat-Subjekten; bei Negri in den völlig leeren Begriff der „Multitude", die alles und nichts bedeutet. Der Entleerung des Subjekts entspricht eine Virtualisierung der sozialen Kämpfe, die großenteils nur noch symbolischen Charakter haben und immer weniger reale Eingriffsmacht entfalten können.

Diese Lage als „Engpässe" der Linken zu bezeichnen, ist eine harmlose Formulierung. Das alte und das postmoderne „Linkssein" sind gleichermaßen am Ende. Es gibt kein ontologisches Subjekt der „Arbeit" mehr, weil sich die „Arbeit" als historische Substanz des Kapitals entpuppt hat und selber obsolet geworden ist. Damit ist auch der paradoxe marxistische Begriff eines „objektiven Subjekts" an sich, das nur „zu sich" kommen müsse, historisch erledigt und kann nicht in Surrogaten fortgesetzt werden. In dieser Hinsicht ist das „theoretische Vakuum" der Linken identisch mit der „methodologischen Ungereimtheit". Es ist der Linken nie gelungen, die Subjekt-Objekt-Dialektik des modernen Fetischismus auf den Begriff zu bringen. Die Folge war ein Abgleiten entweder in einen kruden Objektivismus oder in einen ebenso kruden Subjektivismus. Das Pendeln zwischen diesen beiden Polen des Fetischismus macht einen Großteil der linken Auseinandersetzungen aus, die über diese Polarität nicht hinausgekommen sind.

Für eine neue soziale Emanzipationsbewegung geht es nicht mehr darum, ein „objektives Subjekt" wachzuküssen, sondern ohne ontologische Rückversicherung die

Subjektform überhaupt zu verstehen, sie radikal zu kritisieren und als kapitalistische Daseinsform zu dechiffrieren.[17] Die Form „Subjekt" kann immer nur ein Agent des „automatischen Subjekts" von Kapitalverwertung sein und darf nicht mit dem Willen zur emanzipatorischen Aktion verwechselt werden, der sich selbst konstituieren muss und keine ontologische Grundlage haben kann. Das ist schwer zu denken, weil gerade die postmoderne Linke die Kritik des Subjekts aufgegeben hat (so ist der späte Foucault zur Beschwörung des partikularisierten Subjekts zurückgekehrt). Diese Kritik ist vor allem deshalb gescheitert, weil sie nicht mit der Kritik der politischen Ökonomie vermittelt war.

Mit diesem Problem hängt auch die Kritik des modernen Geschlechterverhältnisses zusammen. Die traditionelle wie auch die postmoderne Linke haben zwar ihre obligatorischen Verbeugungen vor dem Feminismus gemacht, aber die Thematik nie wirklich ernst genommen. Auch der Feminismus selbst blieb trotz verdienstvoller Untersuchungen weitgehend darauf beschränkt, die Frauen als ebenso paradoxes „objektives Subjekt" zu bestimmen wie die „Arbeiterklasse". Das Postulat einer weiblichen „Subjektwerdung" führt daher in dieselbe Sackgasse. So ist auch der Feminismus dem postmodernen Durchgang erlegen und hat die „abgespaltene" weibliche Daseinsform im Kapitalismus ebenfalls in eine „Vielfalt" von partikularen Emanzipationsbestrebungen aufgelöst, die das zentrale Problem nicht berühren. Auch hier käme es darauf an, die

---

[17] Das kannst Du Dir näher anschauen bei George Kaufmann (2017).

Kritik des modernen Patriarchats mit der Kritik der politischen Ökonomie zu vermitteln und nicht als „abgeleitete" sekundäre Fragestellung zu behandeln. Zentral ist dabei die Erkenntnis, dass die scheinbar neutralen Kategorien des Kapitals und die dazugehörige Form „Subjekt" an sich schon „männlich" bestimmt sind und die kapitalistische „Vernunft" von Haus aus eine androzentrische ist. Daran ändert auch die Auflösung der traditionellen Familie und der dazugehörigen Geschlechtsrollen nichts, weil sich der androzentrische Charakter des Kapitalismus in modifizierter Weise fortsetzt. Die Kritik dieser gesellschaftlichen Formen und die Kritik des kapitalistischen Geschlechterverhältnisses bedingen sich daher wechselseitig und müssen zusammen gedacht werden.

Die Kritik des „objektiven Subjekts" der „Arbeit" und der „abgespaltenen" weiblichen Existenz ist keine begriffliche Spielerei, sondern hat enorme praktische Konsequenzen für die Überwindung des Kapitalismus. Erledigt hat sich auf diese Weise nämlich auch die altmarxistische Vorstellung einer sozialen Emanzipation und eines Sozialismus „in" den kapitalistischen Kategorien, die nur anders reguliert und moderiert werden müssten. An der historischen Grenze des Kapitalismus stellt sich die Aufgabe einer „kategorialen Kritik" sowohl des Zusammenhangs von „abstrakter Arbeit", Warenform und „Verwertung des Werts" als auch des damit verbundenen Geschlechterverhältnisses.

Auch das ist schwer zu denken, weil diese Existenzbedingungen verinnerlicht worden sind und vom sogenannten postmodernen Denken eher noch befestigt wurden. Erst die Formulierung eines neuen sozialistischen Ziels auf der Grundlage *kategorialer Kritik* kann dazu führen, im Prozess der historischen Krise auch adäquate immanente Übergangsforderungen zu entwickeln und dafür eine reale Durchsetzungsmacht zu gewinnen. Ohne zusammenfassende Fokussierung auf den Kern des Kapitalismus bleiben soziale Bewegungen hilflos partikularisiert.

Zu befürchten ist allerdings, dass sich die von der finalen Krise des Kapitalismus „kalt erwischte" Linke auf viel zu kurz greifende Konzepte der vermeintlichen „Rettung" einlässt und damit nur ihre historische Ohnmacht ratifiziert.

Wenn so die in den kapitalistischen Kriterien befangene globale Linke versagt, liegt natürlich die Frage nach anderen Kräften der sozialen Emanzipation nahe. Sicherlich wird es zu Aufständen und sozialen Zusammenstößen kommen, wenn den Menschen ihre noch so prekären Lebensgrundlagen genommen werden. Diese Eruptionen können aber genauso nach rechts gehen und sich als Sexismus, Rassismus, Antisemitismus und Nationalismus äußern (wie heute – 2018 – überall in der Welt zu sehen), obwohl damit keinerlei Möglichkeit für eine reaktionäre Bewältigung der Krise mehr verbunden ist. Es gibt auch spontane soziale Erhebungen, die sich diffus als links verstehen, wie sie vor wenigen Jahren erst und bis heute in Griechenland zu sehen waren/sind (Syriza). Diese meist jugendliche Randale, die gewöhnlich aus dem Bauch heraus auf die Unterdrückung der Lebensbedürfnisse reagiert, wird von manchen Linken schon wieder zum Mythos gemacht und gegen die notwendige theoretische Transformation ausgespielt.

Der Kult der Spontaneität hat sich aber schon immer blamiert, so auch heute wieder in Griechenland, wo die Linke nur ebenso grausam die kapitalistischen Restriktionen gegen die Bevölkerung exekutiert, wie es „rechte" Administrationen kaum schärfer könnten. Die spontanen Aufstände der Jugend, mögen sie auch durchaus organisiert sein, werden stets verpuffen, wenn sie keine Möglichkeit vorfinden, sich einen kritischen Begriff der Verhältnisse auf der Höhe der Zeit zu machen. Deshalb führt kein Weg daran vorbei, ein neues sozialistisches Ziel zu entwickeln mittels einer kategorialen Kritik, die sich nicht an die „falsche Unmittelbarkeit" spontaner Praxis binden darf. Diese Spannung muss ausgehalten werden, wenn sich der aufkeimende soziale Widerstand nicht selber in „lebensphilosophischen" Phrasen ersäufen soll.

Aufgaben der Linken

Betont werden muss, dass es eben die Gesellschaft ist, die global vom realen Ökonomismus des Kapitals befreit werden muss. Es ist zwar richtig, dass eine neue Weise der Reproduktion nur jenseits von Markt und Staat gelingen kann. In den letzten Jahren wurde diese Formel aber immer öfter so aufgegriffen, dass darunter bloß eine genossenschaftliche Alternativ-Ökonomie sozusagen „neben" der gesellschaftlichen Sythesis durch das Kapital verstanden wurde, die sich irgendwie allmählich ausdehnen soll. Damit setzt sich aber nur der postmoderne „bunte" Partikularismus fort. Die negative Vergesellschaftung des Kapitalismus kann jedoch nur ganz oder gar nicht überwunden werden. Die genossenschaftliche Alternativ-Ökonomie hat schon eine lange Geschichte durchlaufen und ist jedes Mal gescheitert, zuletzt in den 80er Jahren.

Die nun eingetretene epochale Krise des Kapitalismus verbessert die Bedingungen für solche Ideen nicht, sondern verschlechtert sie. Denn eine auf kleinen Raum beschränkte „alternative" Reproduktion ist nicht nur mit uneingestandenen sozialen Zwängen verbunden, sondern sie bleibt auch, ob man sie nun Genossenschaft oder sonst wie nennt, auf die Funktionen von Markt und Staat angewiesen, weil sie nur wenige Lebensbedürfnisse in eigener Regie befriedigen kann. Die wirkliche Reproduktion der Individuen ist in einen Verkettungszusammenhang eingebunden, den Marx unter kapitalistischen Bedingungen als „gesellschaftliche Gesamtarbeit" bezeichnet hat. Dieser Zusammenhang kann nur als ganzer transformiert werden; man kann nicht mit Kartoffeln oder mit Software anfangen und sich einbilden, damit ein „Modell" im Kleinen zu kreieren, das nur auf die Gesamtgesellschaft übertragen werden müsse.[18] Der „Modellplatonismus" ist ein Produkt der bürgerlichen Volkswirtschaftslehre und nicht der radikalen Kritik.

Wenn in der Krise mangels „Finanzierungsfähigkeit" Wasser und Strom abgestellt werden, die medizinische Versorgung und die kapitalistische Distribution von Lebensmitteln zusammenbricht, steht nicht eine allmähliche „Ver-

---

[18] Finde hierzu Lösungen bei George Kaufmann (2017).

netzung" von lebensreformerischen Kommunen oder virtuellen Austauschverhältnissen auf der Tagesordnung, sondern die gesamtgesellschaftliche Transformation der kapitalistischen Form von „Vernetzung". Dafür bedarf es eines gesamtgesellschaftlich organisierten Widerstands gegen die Krisenverwaltung, der sich eigene Ziele auf der Ebene der gesellschaftlichen Synthesis setzt. Davon lenken die partikularistischen Surrogate einer „solidarischen Ökonomie" nur ab, die meist aus einem Sammelsurium von Subsistenzökonomie, illusorischen „Geldreformen" und abstrakter Gemeinschaftsideologie bestehen. Aus der Not soll eine Tugend gemacht werden. Es ist nur folgerichtig, dass solche Konzepte auch nach „Lösungsansätzen für die Finanzkrise" schielen und sich dabei mit der keynesianischen Nostalgie verbinden. Es gibt keine Lösung der Finanzkrise mehr, sondern das Kriterium der „Finanzierbarkeit" selber ist anzugreifen, wenn eine neue Weise der Reproduktion jenseits von Markt und Staat ernst genommen werden soll.

Es kann weltbewegend sein, einen Traum von morgen zu träumen. Aber einige Träume sind bloß die Gespenster der abgestorbenen Welt von gestern. Große Teile der Linken haben heute keine Orientierung auf die Zukunft mehr; überall in der Welt möchte die Linke am liebsten zurück zu den Paradigmen traditioneller Politik auf der Basis von Nationalstaaten. Deshalb wird die reale Globalisierung entweder verleugnet und ignoriert oder verteufelt. Und die Kritik entzündet sich nicht an den historisch obsolet gewordenen basalen Kategorien von „abstrakter Arbeit", Warenform, „Verwertung des Werts" und kapitalistischem Geschlechterverhältnis in der neuen Weltgesellschaft, sondern sie bezieht sich nur oberflächlich auf „das

Finanzkapital" und die äußere imperiale Macht der USA. Unter den neuen Bedingungen entsteht auf diese Weise eine Konvergenz von linken und rechten Positionen mit einem antisemitischen Akzent; denn das spekulative Geld wurde und wird bis heute von den irrationalen Ideologien in der modernen Geschichte stets mit „den Juden" identifiziert.

- **Enteignung 2.0**
Nachdem der Kapitalismus ursprünglich die Menschen von ihren Produktionsmitteln enteignet und sie der „abstrakten Arbeit" (Marx) unterworfen hat, enteignet er sie nun in seiner finalen Krise in beispiellosem Ausmaß von den Bedingungen dieser Existenz, von Einkommen, öffentlichen Diensten und Absicherungen. Immer größere Massen werden ausgegrenzt und gewissermaßen vom Warenkonsum enterbt, die nicht mehr Zahlungsfähigen von der medizinischen Versorgung usw. ausgeschlossen, die Arbeitslosen um ihre Leistungsansprüche gebracht und ganze Länder und Weltregionen von ihrer eigenständigen, aus der Rentabilität herausfallenden Reproduktionsbasis abgekoppelt.

- **Geldentwertung**
Wenn die vom Staat eingenommenen Steuern und das vom Staat auf den sogenannten Finanzmärkten geliehene Geld ausgegeben werden, egal wofür, ist das vom Standpunkt der Verwertungslogik keine *Produktion*, sondern *Konsum*. Denn selbst in dem Fall, dass damit z.B. der Bau von Straßen oder Schulen finanziert wird, findet auf diese Weise keine neue Wertschöpfung statt, sondern reale Mehrwertproduktion der Vergangenheit (Steuern) oder

der Zukunft (Kredit) wird angezapft. Das gilt natürlich erst recht, wenn der Staat mit diesem Geld in Form von „Rettungspaketen" bloß die Löcher im Finanzsystem stopft, faule Kredite der Banken aufkauft etc. Nach dem nun erreichten definitiven Ende der Finanzblasen-Ökonomie und ihrer Scheinkonjunkturen beläuft sich die Anforderung an die Staatsfinanzen aber auf ein Vielfaches der früheren, die auch schon gescheitert war. Da weder eine Erhöhung der Steuern noch eine Expansion der Staatsanleihen im erforderlichen Umfang möglich sind, bleibt als ultima ratio nur noch übrig, dass die Notenpresse Geld aus dem Nichts schöpft (was sie auch auf Hochtouren tut) und ohne Sicherheiten oder Gegenleistungen direkt an den Staat überweist. Die Kompetenz der Notenbanken zur Geldschöpfung ist aber eine rein formale, die den realen kapitalistischen Wertschöpfungsprozess nur „ausdrücken", aber nicht ersetzen kann. Das direkte Anwerfen der Notenpresse ist daher die größte Finanzblase überhaupt, die nur in der völligen Entwertung des Geldes und aller Guthaben, Ansprüche etc. enden kann (Hyperinflation, Staatsbankrott, Währungsreform).

Kleines Beispiel[19] für diesen seit langem bereits schleichenden Prozess der Geldentwertung: Ich aß schon immer

---

[19] Natürlich ist es nicht wissenschaftlich, generell lediglich einen Einzelfall als Beispiel für die Gesamtentwicklung heranzuziehen. Allerdings kann die beispielhaft aufgeführte Preisentwicklung beim Pfannkuchen *nicht nur für nahezu alle Lebensmittel in Deutschland mehr oder weniger geltend* gemacht werden. Die heutigen Preise in Euro sind nominell zumindest ebenso hoch und höher, als zu Zeiten der D-Mark. 8.000 D-Mark zum Beispiel kostete der erste VW Golf 1974, nach dem D-Mark / Euro-Umrechnungskurs also über den Daumen gepeilt 4.000 Euro. Heute kostet Deutschlands beliebtestes Modell über 17.000 Euro – mit Basisausstattung ohne Extras, versteht sich. Umgerechnet wären das 34.000 DM. Damit ist dieser VW gewissermaßen der Pfannkuchen unter den Autos.

Pfannkuchen gerne. In der DDR bezahlte ich für so eine runde, mit Zuckerglasur versehene oder mit Zucker bestreute und mit Marmelade oder Pflaumenmus gefüllte Kaffee-Beilage 30 Pfennige (sozusagen „Aluchips"). Mit der deutschen politischen „Wende" sollte ich zu so einem Gebäck nicht mehr Pfannkuchen sagen, sondern „Berliner". He, einen solchen würde ich natürlich niemals essen! Von dieser aus West nach Ost schwappenden und bis heute verstärkt auftretenden allgemeinen „Sieger"-Sprach-Gewalt einmal abgesehen, waren diese Pfannkuchen nun raffiniert etwas mehr aufgeblasen und kosteten 60 oder 70 Pfennige (allerdings „hartes Geld"). Berücksichtigt man das DDR-Subventionsniveau von über 50 Prozent, hätte auch der DDR-Pfannkuchen nominell etwa 60 oder 70 Pfennige (Ost) gekostet. Bereits kurz nach der Einführung des Euros kosteten Pfannkuchen bereits mehr Cent als je zuvor Pfennige. Heute (2018) werden sie am „Bäcker"-Stand des Kaufcenters für 1,40 Euro pro Stück angeboten. In diesem Text-Zusammenhang bedeutet das eine ungeheure Geldentwertung innerhalb der letzten zwei Jahrzehnte. Nach anfänglichem Umrechnungskurs Euro zu D-Mark kostete so ein Pfannkuchen heute nämlich ca. 2,80 DM, also etwa viel Mal so viel wie vor der Euroeinführung. Mit anderen Worten: die Kaufkraft sank seither um fast drei Viertel oder Du bekämst heute für die damaligen 60 oder 70 Pfennige der D-Mark-Währung gerade einmal einen viertel Pfannkuchen. Nichts davon hat etwas mit der Euroeinführung zu tun; wie die Währung heißt, ist scheißegal. Wie US-Präsident Clinton bereits sagte, ohne allerdings selbst zu wissen, was er damit wirklich sagte: „It's the economy. Stupid!"

- **Alle gesellschaftlichen Bereiche werden krimineller**
  In der derzeit ablaufenden Weltkrise des Kapitalismus ver-
  allgemeinern sich die Gesetze des kriminellen Milieus in
  allen gesellschaftlichen Gruppen und Institutionen. Das ist
  mehr als bloß die traditionelle Korruption. Im Management, in den politischen Parteien, im Wissenschaftsbe-
  trieb und sogar in linken Theoriezirkeln sind die Personali-
  sierung der Probleme, die Intrige, die gegenseitige Patho-
  logisierung (als krankhaft gedeutete Verhaltensweisen,
  Empfindungen, Wahrnehmungen, Gedanken, soziale Verhältnisse oder zwischenmenschliche Beziehungen) und
  der inszenierte Skandal an der Tagesordnung. Auf der
  Ebene des Alltags schlägt der Krieg aller gegen alle um in
  den „molekularen Ausnahmezustand": Das „Ereignis" erscheint nicht als Aktion der Befreiung, sondern als Putsch
  und als Coup, um auf sozialen Terrains vom Format der
  Disney-World eine desperate, schon im Ansatz haltlose
  „Souveränität" aufzurichten (Beispiele Türkei, Großbritan-
  nien/Brexit, USA, Belgien, Spanien, Deutschland/Reichs-
  bürger). Im Zerfall der Moderne wiederholt sich ihre Grün-
  dungsgeschichte als Farce im mikrologischen Maßstab.

- **Rettung männlicher Oberherrschaft**
  Die Krise männlicher Identität im Kapitalismus der Dritten
  industriellen Revolution äußert sich als „Rache der kleinen
  Männer" an den „Prominenten", die zu Fall gebracht werden sollen; sie erscheint aber auch als neuer Sexismus.
  Nicht umsonst war der heilige Paulus, der angebliche Er-
  finder der Wahrheitspolitik, auch derjenige, der die Parole
  ausgegeben hat, dass die Frauen in der Gemeinde zu
  schweigen hätten. Jetzt wollen die entwerteten postmodernen Männer paradoxerweise sogar noch die besseren

Frauen sein. Weibliche Positionen und Kreationen in der Gesellschaft sollen enteignet werden, um die männliche Oberherrschaft zu retten. Paulus als „Lenin", das ist ein Paradigma der Selbstwertprobleme männlich-„weißer", westlicher Subjekte in der Krise der „abstrakten Arbeit", die sich auch noch das abgespaltene Weibliche als „kulturelles Kapital" (Pierre Bourdieu) unter den Nagel reißen wollen. Dabei scheint es zumindest in den Metropolen des Finanzkapitals eine geradezu unheimliche Konvergenz zwischen den Geschlechtern und ihren Zuordnungen zu geben. Während nämlich die berufstätige Frau ein größeres Maß an Härte und emotionsloser „Sachbezogenheit" an den Tag legen muss, um Karriere machen zu können, hat umgekehrt das postmoderne Management die sogenannte „emotionale Intelligenz" für das betriebswirtschaftliche Kalkül und die individuelle Erfolgsplanung im Konkurrenzkampf entdeckt. In Büchern und Seminaren wird neuerdings ein „Gefühlsmanagement" als Trainingsprogramm angeboten. „Emotionsexperten" und „Emotionsforscher" melden sich in Scharen zu Wort. Von einer „Emotionskultur" ist ebenso die Rede wie von einem emotionalen „Stressmanagement". Es geht also darum, das subjektive Empfinden und die eigenen Gefühle funktional zu manipulieren und zu regulieren. Die bisher in den privaten Bereich abgespaltene und an die Frau delegierte Emotionalität soll gewissermaßen kapitalistisch „in den Griff genommen" und in eine Erfolgstechnik verwandelt werden.

Die Perversität dieser Absicht wird besonders deutlich, wenn die „emotionale Technologie" als betriebswirtschaftliches oder politisches Personalmanagement erscheint. Der deutsche Ökonom Hans Haumer spricht in diesem Sinne geradezu von einem „emotionalen Kapital", das „genügend Ertrag" abwerfen müsse. Als Maß dafür gilt ein „emotionaler Kapitalkoeffizient", der angeben soll, in welcher Größenordnung sich die „Humantechnologie" der persönlichen Zuwendung als betriebswirtschaftlicher Ertrag niederschlägt. Gemeint ist damit, dass die Anpassung der Lohnarbeiter an die Erfordernisse betriebswirtschaftlicher Flexibilität, die Akzeptanz von Zumutungen aller Art und die Stimulanz der individuellen Leistung gewissermaßen durch eine „emotionale Rationalisierung" gefördert werden sollen. Der „emotional intelligente" Chef vermeidet persönliche Friktionen und gibt den Mitarbeitern das Gefühl, dass sie geliebt und anerkannt werden, selbst wenn er sie faktisch als bloßes Menschenmaterial behandelt. Am effizientesten wäre der Einsatz des „emotionalen Kapitals", wenn die Leute dem Management mit Tränen der Rührung in den Augen dafür danken, dass sie auf die Straße geworfen werden.

Ganz offensichtlich findet hier eine Reintegration der aufgespaltenen Lebensformen und Verhaltensweisen statt, aber in die falsche Richtung: Das verselbstständigte ökonomische System beginnt damit, die bislang für den privaten Haushalt und die Intimität reservierten Normen, Leitbilder und „Eigenschaften" zu verschlingen, um sie im Sinne der Logik des Geldes zu instrumentalisieren. Nur insoweit werden die postmodernen Männer emotionaler als in der Vergangenheit, während die postmoderne Frau jetzt ihre ansozialisierten „weiblichen Tugenden" ökonomisch funktionell einsetzen kann. Was auf der medialen Ebene als Damenfußball, Männerstriptease oder Lesben- und Schwulenhochzeit Entspannung im Geschlechterkampf suggeriert, läuft in Wahrheit auf die ökonomisch funktionelle Reduktion des Gefühlshaushalts hinaus. Die Androgynität besteht darin, dass männliche und weibliche Individuen gleichermaßen „Gefühl und Härte" für die Konkurrenz mobilisieren und die Sachkompetenz mit der emotionalen Beziehungskompetenz verbinden, um damit das Geldmachen voranzutreiben.

Das Karussell des „molekularen Ausnahmezustands" dreht sich in der begründungslosen Selbstbegründung deformierter Subjekte, die ihre Perspektivlosigkeit zur Ereignis-Philosophie stilisieren. So wird die inhaltlose Heideggersche „Entschlossenheit" abgerufen: Sie sind immer entschlossen, wissen aber nicht, wozu.

- **Simulation des Profits**
  Der Kapitalismus kann aus der Informationsverarbeitung (zum Beispiel Internet) keinen realen Mehrwert schöpfen. Deshalb muss er versuchen, durch formale juristische Lizenzen den informationellen Produkten Preise in der Geldform zu geben. Es ist die Simulation von Profit in der rein zirkulativen Sphäre, ganz ähnlich wie bei den „Finanzprodukten" des fiktiven Kapitals. Die als „Free Software" firmierende Bewegung missversteht diesen immanenten Widerspruch der kapitalistischen Entwicklung, indem sie so tut, als gäbe es hier schon eine Art „befreites Gebiet" jenseits des Geldes zu besetzen. Aber die Kritik an der Bereicherung der Medienkonzerne durch juristische Lizenzen für Software und andere Produkte der „Information" bleibt oberflächlich, weil sie das gesellschaftliche Produktionsverhältnis nicht berührt. Ein sekundärer Aspekt der Krise in einem kleinen Bereich wird überbetont und die Frage der Emanzipation darauf verengt. Die Gesellschaft soll nicht durch eine große soziale Bewegung gegen die

Zumutungen der Krisenverwaltung umgewälzt werden, sondern durch ein alternatives „Modell" aus der virtuellen Sphäre, das nur noch ausgedehnt werden müsse. An „Free Software" soll die Welt genesen. Wieder einmal geht es darum, ohne gesamtgesellschaftliche Vermittlung eine vermeintliche Modellwelt zur Allgemeinheit aufzublasen. Diese Utopie scheitert aber gerade am tatsächlich immateriellen Charakter der Inhalte, die über das Internet transportiert werden. Wenn der materielle Aspekt der „abstrakten Arbeit" in den Informationsflüssen des Internet nicht dargestellt werden kann, so die wirklichen Gegenstände des Bedürfnisses großenteils erst recht nicht. Man kann kein Brot, keinen Wein und keine Hose „herunterladen", geschweige denn Walzstahl, reines Wasser für alle oder Baumaterialien; und noch nicht einmal ein Buch, wie jeder erfahren muss der versucht, ein größeres literarisches Werk am Bildschirm zu lesen oder als Papierflut auszudrucken. Schon allein deshalb kann aus dem Internet kein „Modell" jenseits des warenproduzierenden Systems für die gesellschaftliche Reproduktion gezogen werden. Die Neo-Utopisten wollen sich über diese Schranke ihrer einseitigen Idee hinwegtäuschen, indem sie das Problem als ein lediglich vorläufiges deklarieren, das durch zukünftige technologische Entwicklung gelöst werden könne.

2005 konstruierte der britische Ingenieur Adrian Bowyer (Universität Bath) in seinem Projekt BedBad (Rapid-Prototyping-Maschine) eine "universelle Maschine", die im Unterschied zum Computer Gegenstände nicht nur virtuell, sondern materiell reproduziert. Sie soll sich selbst nachbilden und zusätzlich nahezu beliebige andere Gegenstände nach Modell-Datensätzen herstellen. Funktionieren soll sie nach dem Prinzip von Kopiermaschinen, wie sie beim Industrie-Design für die Modellierung von Prototypen eingesetzt werden. Faktisch handelt es sich um Drucker, die mit Materialien wie Maisstärke, Plaste oder leicht schmelzbaren Legierungen dreidimensionale Objekte hervorbringen, sogenannte 3D-Drucker. Die Internet-Freaks erhoffen sich, dass diese „universelle Maschine" nach einer „darwinistischen Evolution" ihrer Selbst-Replikation alles und jedes herstellen kann, von der Digitalkamera bis zum Brötchen. Ausgemalt wird eine Zukunft, in der sich die Menschen mühelos alle überhaupt denkbaren Güter "herunterladen" können. Das ist keine „Marx-Maschine", wie vielfach behauptet wird, sondern eher eine Harry-Potter-Maschine. Diese groteske Idee verweist auf den technizistisch verkürzten Charakter des ganzen Konstrukts. Das Ziel sind nicht andere soziale Beziehungen und ein anderer Umgang mit der Natur jenseits des warenproduzierenden Systems, um der jeweils eigenen Qualität verschiedener Lebensbereiche Rechnung zu tragen. Ganz im Gegenteil soll erst recht die gesamte Gesellschaft unter eine einzige „funktionale Logik" subsumiert werden. Die „abstrakte Arbeit" mit ihrem destruktiven, negativ-universalistischen Zugriff auf die Welt wird nicht überwunden, sondern als Phantasma eines vollautomatischen kybernetischen Aggregats fortgesetzt. Der Held ist der von allen materiellen Bedingungen losgelöste Warenkonsument als „wahrer Mensch". Galt in den Halluzinationen der postmodernen Linken der 90er Jahre der Konsument als „Dissident", so gilt er nun als dissidenter „immaterieller Produzent".

In Wirklichkeit ist das Internet ein zwar universelles, aber rein zirkulatives Medium, das in jeder Hinsicht Produktion anderswo voraussetzt.

- **Kultur**
In Wahrheit hatte der Kapitalismus nie eine eigene Kultur, weil er nichts als die gähnende Leere des Geldes repräsentiert. Künstlerisch stellte das schon unbewusst K.S. Malewitsch vor dem 1. Weltkrieg mit seinem berühmten „schwarzen Quadrat" dar. Danach konnten eigentlich nur noch diverse Abgesänge kommen. Was als kapitalistische Kultur *erschien*, waren schon immer entweder Reste vormoderner Kultur, die sich allmählich in Marktgegenstände verwandelten, oder Formen des kulturellen Protests gegen den Kapitalismus selber, die ebenfalls kommerziell adaptiert wurden. Heute hat der Kapitalismus alles aufgefressen und verdaut oder in Müll verwandelt. Damit ist die Moderne am Ende ihrer kulturellen Möglichkeiten angekommen, gerade weil es keinen Protest mehr gibt.
Der Postmodernismus bildet sich ein, er könne sich nun eklektisch die gesamte Kunstgeschichte verfügbar machen („anything goes"); in Wirklichkeit wühlt er bloß verzweifelt auf dem Müllplatz und in den Exkrementen der kapitalistischen Vergangenheit, um vielleicht noch Reste für das kulturelle „Recycling" zu finden. Es könnte sein, dass gerade dieses postmoderne Recycling mit seiner popkulturellen Simulation einer oberflächlich „guten Laune" jene reaktionäre Vision der Apokalypse befördert, nach der keine neue Welt mehr aus den Trümmern der alten hervorgehen kann. Hoffnung gäbe allein eine neue soziale

Massenbewegung, die sich die brachliegenden emanzipatorischen Potentiale der modernen Reproduktionstechniken selbstständig gegen deren kommerzielle Form aneignet.

Literatur

Carlyle, Thomas, zit. nach: Adler, Alfred: Gesellschaft und Kultur (1897 - 1937), Studienausgabe Bd. 7

Hardt, Michael/Negri, Antonio (2004): Multitude. Krieg und Demokratie im Empire, Frankfurt/New York

Heinrich, Michael (2004): Die Wissenschaft vom Wert, Münster

Kaufmann, George (2015): Kapitalismus – verstehen – abschaffen, Hamburg

Ders. (2017): Ist der Kapitalismus noch in Form?, Hamburg

Kennedy, Paul (1993): In Vorbereitung auf das 21. Jahrhundert, Frankfurt/Main

Knapp, Georg Friedrich (1905): Staatliche Theorie des Geldes, München und Leipzig

Kurz, Robert (2003): Weltordnungskrieg. Das Ende der Souveränität und die Wandlungen des Imperialismus im Zeitalter der Globalisierung, Bad Honnef

Ders. (2005): Das Weltkapital. Globalisierung und innere Schranken des modernen warenproduzierenden Systems, Berlin

Ders. (2009): 12 Thesen, Vorlage zur Konferenz des Marxistischen Forums Sachsen

McLuhan (1967): Das Medium ist die Botschaft (The medium is the massage), Philo Verlagsgesellschaft (März 2009), Berlin/Wien

Musil, Robert (1930/33): Mann ohne Eigenschaften, Rowohlt Verlag Berlin. Neu Anaconda Verlag Köln (2013)

Schmid, Bernhard (2000): Antisemitismus ohne Rechte; in: Jungle World 45/2000

Scholl-Latour, Peter (2007): *Zwischen den Fronten. Erlebte Weltgeschichte*, Propyläen Verlag, München u. Berlin

Simon, Jana (2000), „Ich bin denen nicht gewachsen". Dreiste Nazis, überforderte Sozialarbeiter, verängstigte Lokalpolitiker; in: Die Zeit 33/2000

Thurow, Lester (1996): Die Zukunft des Kapitalismus, Düsseldorf/München

Uthmann, von, Jörg (1991): Die Verdrängung des Establishments. Entwickelt sich der Schmelztiegel Amerika zur multikulturellen Gesellschaft? in: Frankfurter Allgemeine Zeitung, 14.12.1991

Der Autor George Kaufmann

George Kaufmann wurde 1941 in Berlin geboren. Heute lebt er in einer kleinen Gemeinde des Berliner Umlands.

Er lernte Werkzeugmacher und studierte an verschiedenen Hochschulen.

Studium Dresden:	Technologie Flugzeugbau
	Technologie Maschinenbau (Dipl.-Ing.)
Studium Berlin:	Philosophie, Politische Ökonomie
	Außenhandel (Dipl.-Ök.)
Fachliche Tätigkeiten:	Jeweils langjährig im Schienenfahrzeugbau, Außenhandel (Elektronik/Mikroelektronik) und als Geschäftsführer einer PR-Agentur/Journalist tätig.

Seit nahezu vier Jahrzehnten untersucht George Kaufmann zunächst nebenberuflich und inzwischen ungehindert das Wesen des Kapitalismus, also seinen Formzusammenhang und seine Geschichte. Er analysiert jeweils aktuell das kapitalistische Weltsystem und kritisiert aus einer Position der kategorialen Kritik radikal die kapitalistischen Basis-Formen. Hierbei lehnt er sich an den Marx, den der Arbeiterbewegungs-Marxismus in seiner kapitalistischen Borniertheit von seinen Anfängen an nie verstand, sondern der ihn vielmehr bis heute in Angst und Schrecken versetzt; nämlich den Marx der kapitalistischen „Fetischgesellschaft", des „automatischen Subjekts", der „abstrakten Arbeit", der „Verwertung des Werts", der „Krisentheorie" und der „absoluten inneren Schranke des Kapitalismus", der erst jetzt immer aktueller wird.

Buchveröffentlichungen: „Kapitalismus – verstehen – abschaffen" (2015);

„War Marx ein Zwilling?" (2015);

„Eine Welt voller Flüchtlinge" (2016);

„So verhunzen wir unsere Sprache" (2016);

„Ist der Kapitalismus noch in Form? (2017).

Bei Interesse kannst Du mit George Kaufmann zu den Inhalten seiner Bücher über >george.k@nbpress.de< kommunizieren; radikal-kritisch und respektvoll.

Zeitfracht Medien GmbH
Ferdinand-Jühlke-Straße 7
99095 Erfurt, Deutschland
produktsicherheit@kolibri360.de